把话说进
客户心里

杜　锦◎编著

国家一级出版社　中国纺织出版社　全国百佳图书出版单位

内 容 提 要

要成为一个业绩突出的销售员并非易事，你需要有畅通的销售渠道、过硬的专业知识、一定的社交能力、适当的平台等，但更重要的是口才，销售中所有的秘密都在于一张嘴。

本书正是从实用性出发，汇集了大量相关的销售实战案例，针对各种具体的销售环境提炼出了卓有成效的各种语言策略。阅读本书，你可以更好地进行销售工作、提高销售业绩，继而在现有岗位或未来的岗位上做出一番成就。

图书在版编目（CIP）数据

把话说进客户心里／杜锦编著.—北京：中国纺织出版社，2017.8 （2024.4重印）
ISBN978-7-5180-3769-8

Ⅰ.①把… Ⅱ.①杜… Ⅲ.①销售-口才学 Ⅳ.①P713.3 ②H019

中国版本图书馆CIP数据核字（2017）第164329号

责任编辑：闫 星　　特约编辑：王佳新　　责任印制：储志伟

中国纺织出版社出版发行
地址：北京市朝阳区百子湾东里A407号楼　邮政编码：100124
销售电话：010－67004422　传真：010－87155801
http：//www.c-textilep.com
E-mail：faxing@c-textilep.com
中国纺织出版社天猫旗舰店
官方微博http：//weibo.com/2119887771
北京兰星球彩色印刷有限公司印刷　各地新华书店经销
2017年8月第1版　2024年4月第5次印刷
开本：710×1000　1/16　印张：15
字数：222千字　定价：69.80元

前言

随着社会的发展和人们生活水平的提高，人们对商品的需求量越来越高。在这样的社会大环境下，销售也成为一个热门行业。越来越多的人才跻身于销售事业之中。而任何一名销售员，也都希望在销售行业做出一番成绩，因为销售业绩如何，直接关系到销售员自身的生存状况、生活质量乃至职场命运。然而，为什么销售同样的商品，有些销售员业务惨淡，有些却业绩不凡？为什么有些销售员总会被客户拒之门外，有些却能与客户打成一片？这其中的奥秘，只在于一张嘴。

美国的“超级销售大王”弗兰克·贝特格曾经说过：“交易的成功，往往是口才的产物。”的确，销售人员是靠嘴吃饭的，一个具有语言魅力的销售人员对于客户的吸引力，简直是不可估量的。一名出色的销售人员，也必定是一个深谙语言艺术的人。可以这样说，当你有了语言魅力，就有了成功的可能。

说出去的话犹如泼出去的水，如何运用话语的魅力打动客户，就成了很多销售员必须研究的课题。真正的销售口才涉及的不单单是语言的范畴，销售也不是耍嘴皮子，不是说话口若悬河、滔滔不绝，因为销售中口才的运用不单是一句话、一个例子，销售口才是一门说话的艺术，也涉及很多方面的学问。一个出色的销售员必定还是一个优秀的外交家、交际达人、心理大师等，销售口才的获得并非一日之功。说话天才，不是天生的，而是从现实中锻炼出来的，是一分天才、九分努力的结果。因此，销售口才有其独特的修炼技巧。

那么，我们究竟应该如何提升销售口才技能呢？从本书中你将能够找到答案。本书正是从实用性出发，从如何开场、介绍产品、拜访客户、提问、处理客户异议、讨价还价、说服购买、促成成交等几个方面进行阐述，针对销售工作中最常见的口才问题，结合实际案例，为刚刚进入销售行业和正在从事销售工作的朋友提供了切实可行的具体方法，实用性强，随学随用。当然，销售口才的获得并非一日之功，还需销售员在日常的销售活动中加以总结和学习。

编著者

2017年1月

目录

第01章

洞悉客户的购买心理，销售就是一场心理暗战

销售过程中，我们都知道口才的重要性，我们要想卖出产品，就需要与客户沟通。然而，这并不是要求我们口若悬河、滔滔不绝，而是需要我们掌握客户的购买心理。要知道，我们的目的是以最高价格卖出产品，而以最高的价格买到心仪的产品也是客户的消费心理，所以客户和销售人员之间的较量也成了一场心理较量。很多销售中的问题，比如，你说的销售语言能不能起到作用，能不能成功吸引客户，以及能不能让客户信任你的产品，都与是否能掌握客户的购买心理有关。而假如我们能掌握客户心理，把话说到客户心里，让客户上钩也就容易得多！

客户都有害怕上当受骗的心理

作为推销员，可能都有这样的经历，还没等你开口介绍产品，客户就将你拒之门外；无论你怎么苦口婆心、好言相劝，客户还是不愿意购买，或者客户明明想要购买了，却还是心存疑虑，迟疑不定……这是因为客户对销售员心存芥蒂，他们认为，推销员多半是为了推销而推销。客户存在这样的心理有很多原因，其中就有可能是客户吃过推销员的亏。此时，如果我们一味地向客户推销，有时不但不能打动客户，反而会加重客户的疑心。而如果我们能体会客户的情感，拿出让客户信服的证据，那么，便能很快拉近与客户的心理距离。

一天，某商场的导航仪专柜来了一位先生，准备为自己的爱车购买一款导航仪。在导购员的一番介绍后，这位先生终于表态了。

顾客："你们这款导航仪真的有你说的那么好吗？我看不见得吧。"

导购员："关于产品的性能，我刚才也为您展示过了，估计您也能发现，这款导航仪是同类产品中性价比最高的，不仅技术上先进，价格也相对优惠很多。"

顾客："可是，我怎么觉得这导航仪后面这部分摸起来这么薄呢！很容易破掉吧？"

导购员："我们的导航仪的外壳采用XXX型塑料制成，坚固耐用。这也是为了降低重量，方便携带。"

顾客："好的，那给我拿一款吧。觉得还可以吧。"

导购员给这位先生拿了款新导航仪，但问题又来了。这位先生说："你给我的这款上面这个是什么啊，怎么看着这么旧，不会是人家的退货吧。”

此时，导购员已经不耐烦了，但他还是压住了情绪，因为他知道顾客都害怕被骗。于是，他说：“这个您放心，这是一款颜色较暗的导航仪，并不是旧产品。最近几年，这种暗色调的导航仪一直很受欢迎呢！”

顾客：“哦，原来是这样啊。那你给我包起来吧。”顾客说完，导购员终于松了一口气。

的确，在销售过程中，不少销售人员都曾遇到这样的顾客。他们警惕性很高，似乎总是有担心不完的问题，总是怀疑导购员会故意欺骗他。对此，我们一定要保持镇定和耐心，就如同案例中的这位导购员一样，即使已经觉得不耐烦，也要调整心态，继续耐心回答顾客的问题。

事实上，我们的客户之所以多疑是有一定的心理原因的，其中之一就是他们曾有过被骗经历。曾经，他们因为轻信了某个销售人员或者厂家的宣传，购买到了假货或者质量低劣的产品。从此以后，每当与销售员打交道时，他们往往戒备心比其他人更重，非常小心谨慎，害怕再上当受骗。

其实担心被骗是顾客的共同心理。了解顾客的购买心理和情感，能让他们感受到被理解和认同，有助于我们销售工作的开展。那么，我们该如何说才能消除顾客的这一心理呢？

1.态度坦诚，语言诚实、中肯

真正的口才并不是口若悬河、滔滔不绝，尤其是在与客户初次接触的时候，客户一般都对销售员心存芥蒂。你越是想表现自己，越让客户觉得可疑。其实，你不妨诚恳、清晰地表达你的观点，话语不可过多，注意一些说话方式，诚实、中肯的说话就能让客户感觉你是一个可信之人。相反，如果销售人员眉飞色舞、唾沫横飞，就会给顾客造成一种华而不实的现象，进而会把这种感觉过渡到你的产品上去。

2.出示令人信服的证据

事实胜于雄辩。如果顾客对你的话半信半疑，不如直接向顾客出示一些实在的证据，比如产品的销售业绩表、产品合格证等，证明你说的话是真实的，这样就可以令他信服。

3.大方地面对产品的缺陷和不足

在产品质量和性能上，销售员可以适当表示出对顾客意见的赞同，甚至可以主动地承认产品的一些小问题。当然这些问题是无伤大雅的，不会影响到产品的使用。这样，可以换得客户的信任。如：

“我们的产品质量虽然是一流的，但款式还不太时尚，这是我们需要改进的地方。”

因为任何产品都不可能十全十美，比如包装、价格等方面，只是要看这些缺陷和不足有没有对客户造成困扰和影响，有些不足可以忽略，但有些则不可以。销售员在推销产品的时候，一定要诚实地跟客户说清楚，不然等到客户找上门追问的时候，就不好回答了。

另外，在销售行业，销售员业绩的提高并不是完全靠三寸不烂之舌得来的，还需要销售员做到诚信销售、积累信誉。客户在看到销售人员的人品、责任心之后，就会将其与产品联系起来，也就会愿意接受销售员的推销。并且，在如今企业用人的标准中，品德才是第一，能力是第二。销售员在推销产品时，一定要站在客户的角度推销，真诚地为客户服务，绝对不能欺瞒客户，更不能有半点虚假或者夸大其词。

总之，在销售工作中，销售员一定要做到消除客户害怕被骗的心理，做到诚实守信、实事求是地对待客户。这样才能与客户沟通起来更加顺畅，更能赢得客户的信赖。

嫌货人才是买货人

销售员在与客户谈判的过程中产生异议，这是一种很常见的现象。正如有人说的“嫌货才是买货人”，对产品或者价格有异议的才是你的准客户。但在销售前，我们要事先揣测客户可能产生的异议，以及产生这种异议的原因。这样在整个谈判过程中，我们就能有意识地消除这些异议。

马先生是一名水果店的老板，生意每天红红火火，这主要还是因为马先生会经营。比如，早上打开店门，马先生就先把那些外观漂亮的水果捡出来，单独放在一边，定价定得高一些，而那些在外表上稍微差一点的同类水果定价较低。

一天，他遇到这样一位难缠的顾客。“你的水果也不怎么样啊，1斤也是1块钱吗？”这位顾客拿着一个水果仔细端详起来，还敲了敲，看看水果到底怎么样。

“呵呵，您放心，我的水果不能说是最好的，但也是这一片比较好的。您不信，可以和别家的比较比较。”马先生满脸笑容，不紧不慢地说。顾客说：“太贵了，8毛卖不卖？”

马先生还是笑眯眯地说：“先生，我要是1斤卖你8毛钱的话，那之前买的那些人岂不是买亏了，而且我这已经是最低了，周边几个水果店卖的都贵些，您也可以去问问。”

不管顾客是什么态度，马先生一直保持着微笑。虽然这个顾客认为水果太贵，但最后还是被马先生的态度折服了，以1斤1元的价格买了好几斤。

“嫌货才是买货人啊！”马先生感慨地说。

案例中马先生的话很有道理，“嫌货才是买货人”。无论如何，我们都要保持良好的态度。因为真诚地对待客户，从客户的角度出发，才能更好地弄清楚客户产生的问题所在，然后合理地帮助客户解决问题，就会获得客户的认同，促成交易。

客户产生异议的原因可能有很多。对于客户的异议，不少销售人员感到束手无策，无奈之下只好放弃推销。其实，是否能用正确的技巧回应客户的异议，正体现了一个销售人员的水平。常见的异议有以下两种，我们可以根据不同的情景，用不同的方式回应我们的客户。

1.客户总是说你的产品不如竞争对手

这正是案例中的情况。的确，面对这种情况，尤其是对刚从事销售行业的新手而言，会显得很棘手。有些销售员甚至知难而退，放弃说服工作。其实，大可不必这样，应该向客户澄清事实，然后采取相应的对策解决这一误会。你可以这样回答：

“是吗？很好，能从朋友那里购买，肯定是信得过的产品。你们关系一定很不错吧！”（稍微停顿一下）

对于这样的回答，有些善于言论的客户可能会从容应付过去，但一般客户会这样说：“哦！大概是这样子的吧！好多年了！”或者“叫我怎么说呢？”或者“你管太多了！我的朋友与你有什么关系啊！”

这样，我们就能看出对方只不过是在说拒绝的托词。此刻，你可以说：“这个请您做参考好吗？”一边拿出产品说明书、图样给他看，或一边操作示范机器，同时劝导客户买下来。但如果客户丝毫没有改变心意，推销员必须想办法游说，或作个长期计划，先慢慢成为客户的朋友，再逐步进行推销事宜。

2.客户对目前的供应商很满意

当客户说“目前我们的供应商的工作已经很好了”时，可能有些销售员会认为进入了销售的死胡同，而实际情况并非如此。因为，虽然客户对目前的供货商已经很满意，但这并不代表客户承认其目前的供应商是服务最好的，或者产品质量是最好的。此时，如果你能引导客户继续说下去，是能找到突破口的。比如，你可以给客户先派送样品或尝试性的订单，向客户展示能证明产品价值的东西。除此以外，销售员还能做些什么呢？

（1）具体问题具体分析。任何问题的出现都是有理由的，客户拒绝销售员也一样。客户满意现在的供应商，说明一个问题：此供应商的产品质量和服务态度都让客户满意。这就是为什么客户与该供应商能合作这么长时间的原因，也是客户拒绝销售员的原因。找出这一问题后，销售员就能逐步解决这一难题了。

销售人员在了解了这些原因之后应该采取以下步骤：

①取得资料，了解客户现在的供应商。

②激将劝导："董事长，身为一名企业家，您应该积极寻找能给公司带来最高利益的方法。"

③专业性的建议："周经理，现代社会竞争激烈，最高的性价比是在比较中产生的。就比如供货商，当我们对供应商很满意的时候，我们还是需要将另外一家供应商当作参考，以确保自己真正得到最好的价格、最好的商品与价值。"

④询问客户选择的原因："您用什么标准来衡量您的供应商？"

（2）让客户了解产品的优势。销售员可以为客户算一笔经济账："张经理，您可能也知道，我们这家报纸在全国的发行量都是相当大的，因此贵些。如果您在其他小报上做几个广告，这些小报合起来的发行量还不如我们一家报社，费用却高多了，您说是吧？"

（3）强调产品能给对方带来的利益。客户购买产品的前提是希望产品能给自己带来利益。因此，只要销售员懂得在这个方面多下功夫，客户一般都会心动。

知己知彼，了解"上帝"的心思好说话

我们推销产品、与客户沟通的最终目的都是为了把产品卖出去，只有业绩才是硬道理，这是我们都知道的。但实现"在恰当的地点、恰当的时间、以恰当的价格、使用恰当的促销方式把恰当的商品卖给恰当的人"这一美好愿望，还有一个最为基础的条件，那就是了解客户的真实需求。

在销售技巧的分析中，我们经常提到"准客户"一词，但只有有购买需要

的人，我们才能将其称为“准客户”。因为只有当客户具有购买意向，对产品有需求，他才有可能成为你的客户。如果没有购买意向，就像爱好清净的和尚对摇滚音乐碟片没需求一样，无论销售者如何费尽唇舌、费尽心思，也不可能将其产品推销出去，达到让其购买的目的。当然，对一些现在没有但将来可能有产品需求的客户，销售员就应该采取各种方式，比如劝说或者使用广告，使其变成潜在客户，变不可能为可能。

库尔曼是美国一名金牌推销员，有着自己的推销风格。他凭借自己的勤勉和出众的口才，把寿险推销给一个又一个客户，与此同时，他也把成功推销给了自己。

他曾经有过一个客户叫斯科特先生，斯科特先生是一家食品店的老板。库尔曼曾向他推销自己所在的保险公司有史以来最大的一笔寿险：6672美元。

库尔曼向斯科特先生问道：“斯科特先生，您是否可以给我一点时间，为您讲一讲人寿保险？”

斯科特：“我很忙，跟我谈寿险是浪费时间。你看，我已经63岁，早几年我就不再买保险了。儿女已经成人，能够好好照顾自己，现在只有妻子和一个女儿和我一起住，即便我有什么不测，她们也有钱过舒适的生活。”

这番合情合理的说辞并没有打消库尔曼的积极性，他仍然向斯科特先生发问：“斯科特先生，像您这样成功的人，在事业或家庭之外，肯定还有些别的兴趣，比如对医院、宗教、慈善事业的资助。您是否想过，在百年之后，它们可能无法正常运转？”

见斯科特没说话，库尔曼意识到自己问到了点子上，于是趁热打铁，说下去：“斯科特先生，如果购买我们的寿险，不论您是否健在，您资助的事业都会维持下去。7年之后，假如您还在世的话，您每月将收到5000美元的支票，直到您去世。如果您用不着，可以用来完成您的慈善事业。”

听了这番话，斯科特的眼睛变得炯炯有神，他说：“不错，我资助了3名尼加拉瓜传教士，这件事对我很重要。你刚才说如果我买了保险，那3名传教士在我死后仍能得到资助，那我总共要花多少钱？”库尔曼答：“6672美元。”

最终，斯科特先生答应购买。

一般情况下，人们买保险是为了让自己和家人的生活有保障，而库尔曼通过不断追问，终于套出了连斯科特自己也没意识到的另一种强烈需要——慈善事业。当库尔曼帮助斯科特找到这一深藏未露的需要后，购买寿险对斯科特而言就成了主动而非被动的事。

那么，我们该如何了解客户的真实需求呢？

只要我们学会套话，逐渐挖掘出客户某些潜在的需求，那么，令客户成为潜在客户也并非难事。对此，我们销售员可以从遵循以下几个步骤：

1.从客户感兴趣的话题入手，加以引导

一般而言，人们对陌生的推销员总是心存戒备，往往以没有时间、不需要等原因将其打发走。其实，这是销售员没有选择正确的谈话方式。人们都有感兴趣的话题，客户也是。销售人员如果能在销售中先暂时搁置一些销售问题，而从客户的兴趣方面着手，势必能激发客户继续谈话的欲望。

2.不断追问，发现客户最强烈的需要

推销成功的秘诀还在于找到人们心底最强烈的需要。那么，怎样才能找到客户内心深藏不露的强烈需要呢？库尔曼有一个办法就是不断提问，“你问得越多，客户答得越多；答得越多，暴露的情况就越多。这样，你就一步一步化被动为主动，成功地发现对方的需要，并满足他。”

3.注意聆听

在与客户沟通的过程中销售员要注意，不可一味地诉说，而要注意倾听的艺术，遵循“两只耳朵一张嘴”即“2：1”的原则（听与说比例为2：1）。倾听客户谈话，既是对客户的尊重，也能帮助我们了解客户。同时，对不同类型的客户，还要采取不同的交流方式。对老年人，要像对待父母一样表示尊重，要放慢语速，语重心长，表现出成熟稳重的姿态；对待中年人，要善用赞美，在言谈中多提及对方的成就；对于青年人，要放开谈自己的思路、运作模式、营销理念，让其心驰神往，心服口服，从而乖乖就范。

4.巧妙暗示

比如，你可以这样发问："为人父母，都想尽可能地让儿女受到最良好的教育。怎么样，您考虑过筹集费用的问题吗？"

当我们做出这样的暗示后，要给客户充分的时间，以便这些暗示逐渐渗透到客户的思想里，进入客户的潜意识里。

总之，在开发新市场的过程中，如果销售人员能做到积极猜测、大胆询问、学会套话等方面，便能获得潜在客户的信任并能了解其内心的真正需求，让其成为我们的准客户！

客户的需求是你的使命

销售过程中，销售员要达成交易，必须要经过以下四个步骤：引起顾客注意、激发顾客兴趣、刺激顾客购买欲望、促使顾客采取购买行为。而在客户开发的过程中，前三步是为购买做铺垫。很明显，达成购买协议前最重要的一步，就是激发顾客的购买欲望，让顾客感受需求紧迫。一个优秀的销售员并不害怕客户称"我不需要"，因为他们能为客户找出购买这种产品背后的真正需求或价值观，然后调整自己的销售方式及产品介绍过程，让客户明确地感受到这一产品能够符合其内在的价值观，并满足他们购买产品所需要获得的感觉。

一个老太太在她所住居民楼下的市场买李子。她走到第一个小贩跟前，小贩问："大娘，要不要买李子，我的李子全部又大又甜。"老奶奶没有回应他，她来到第二个小贩跟前，问："李子怎么卖？"小贩说："我这儿有两种李子，一种又大又甜，另一种酸酸的。请问您要哪一种？"老奶奶说："那给我来一斤酸的吧。"当她经过第三个小贩跟前的时，第三个小贩问："老奶奶，来买李子啊？"老奶奶回答说："是啊，我来买酸李子。"小贩就问：

“别人都喜欢买甜的李子，而您为什么要买酸李子呢？”老奶奶说：“我儿媳怀孕了，听说吃酸的东西比较好。”小贩笑着说：“您对儿媳真是细心啊。听说孕妇吃猕猴桃比较补身子，不如买一斤回去给儿媳尝尝啊。”老奶奶听了很高兴，就买了一斤猕猴桃。小贩接着说：“我这儿也有酸李子，今后您可以长期到我这儿来买，我给您一个优惠。”老太太听了连连点头，乐呵呵地走了。

案例中，第一个小贩只是向老奶奶推销他想卖出去的甜李子，结果什么都没卖出去。第二个小贩通过询问得知老奶奶需要买酸的李子，结果他卖出了一斤李子。只有第三个小贩充分地了解到了老奶奶的需求，结果他卖出了一斤猕猴桃，还获得了长远的销售机会。可见，了解客户需求在销售过程中的重要性。作为销售人员，必须先行一步，先了解准客户的现状，再了解准客户的期望，然后通过产品的卖点来满足准客户的需求。

有时候，即便客户自己也不一定了解他内心的需要。那么，作为推销员有必要通过不断提问来帮助对方发现这种需要。如果你能帮助对方发现自己内心的需要，那么，你的推销就变得易如反掌。

具体来说，我们该如何挖掘并创造客户的需求呢？

1.挖掘客户心中的利益点和抗拒点

任何一名销售精英都明白，销售员的主要工作就是为客户找出其购买产品的诱因，也就是帮客户了解自己在购买产品后将获得哪些利益。而客户购买产品，除了因为某个诱因外，还有一个重要的抗拒点，这一点需要销售员不断探寻。如果销售员把自己的精力都放在让客户了解并且相信这种产品所能够带来的利益点，并且能有效地解除他们购买产品主要的抗拒点，客户就会购买你的产品。客户购买产品最主要的抗拒点因人而异，可能是产品价格，可能是售后服务，可能是竞争对手，也可能是你这个人等等。

在销售过程中，客户的内心往往是挣扎的，因为他们会在利益点和抗拒点之间权衡，而销售员就是要找出客户的利益点和抗拒点，然后放大利益点，缩小抗拒点，也就是应该把大部分的注意力放在找出客户的需求，放在我们的产品能为客户做些什么上。即使我们的产品具有的优点有十项，而真正能够吸引客户的可能只有其中的10%或20%，也就是其中的一项或是两项。所以我们必须花费80%以上的时间详细地解说这一两项优点，让客户能够完全地接受或相信，才能增强我们对客户的说服力。

2.为客户描绘拥有产品后的幸福画面

一位销售员要为客户推销一栋老房子。一进入院子，太太便发现后院有棵美丽的樱桃树，很高兴地对丈夫说："你看，院子里这棵樱桃树真漂亮！"而当这对夫妇进入客厅时，却对陈旧的地板、掉皮的墙壁都不满意。销售员对他们说："虽然地板有些陈旧，但这栋房子最大的特点是从客厅向窗外望去，可以看到那棵美丽的樱桃树。"然后，不管这对夫妇指出这栋房子有什么缺点，销售员都一直强调："是啊，这栋房子是有一些缺点，但有一个优点是其他房子所没有的，那就是从任何一个房间的窗户向外望去，都可以看到那棵樱桃树。"最终，这对夫妇毫无怨言地花了50万美元买下了这栋房子。

故事中，这对夫妇之所以会买那套老房子，并不是因为房子本身的价值，而是那棵樱桃树。销售员一直强调樱桃树给客户带来的幸福感，并不断为客户描绘这种幸福的画面。最终，客户购买了这所老房子。实际上，他们是购买了自己心中的"樱桃树"。其实，每个客户在购买产品的时候，心中都有"一棵樱桃树"。如果我们能不断为客户描绘这棵"樱桃树"，那么，客户心中的美好图景也就逐渐形成了，成功推销自然水到渠成。

客户都渴望得到别人的关心

我们都知道，人都是有情感的，客户也不例外。任何销售活动，如果能触及客户的情感与内心，并产生积极的作用，那么就是成功的。任何一位客户都希望获得他人真诚的关心，销售人员如果能从这一方面着手与客户沟通，是能打动客户并成功推销的。

安然是一家保险公司的销售员，她的销售业绩一直在公司排第一，这与她总是对客户嘘寒问暖有很大的关系。

一次，她的一名客户在自家门前的巷子里被人抢劫了，损失了几千块钱，还有手机和首饰。这位客户在安然手中买过一份人寿保险，但没有买财产保险。这次发生这样的事情，安然担心客户的财产受到很大的损失。因为她知道客户没有买财产保险，遭抢一定让这位客户压力重重。

安然赶紧给客户打电话，电话接通后，她就直接问道："您人没事吧？"

接着又问："您有什么重大损失吗？"

第三句话是："都怪我不好，当时没有坚持请您购买财产保险，以致今天我不能帮您减少损失，替您分担经济压力，我今天只能为您分担精神压力。"

第四句话是："面对您的遭遇和处境，我非常焦急，也非常心痛，我会尽我所能为您提供帮助。"

安然的几句话让客户很感动，在接下来的一段时间内，安然经常去客户家里陪她聊天，安慰她，并为其量身定做了一份财产保险。最后，在不到半年时间内，这位客户购买了这份财产保险。

案例中的安然是一名优秀的销售员，因为她总能从客户的角度出发去考虑问题，体谅客户的心情。的确，客户购买产品，其实买的就是一个顺心。如果客户总能感觉到销售员对自己很理解，注重自己的心情和感受，那么客户就会被这种氛围所吸引，进而对产品投入更多的关注。

现代商业社会，随着市场上各类产品的充盈和完善，以及客户对产品的了解越来越多，在选购商品时，客户也变得越来越理性。不过，不少感性的客户在购买商品时，更多考虑到的还是感性因素。"动人心者，莫先乎情。"与那些理性的销售言辞相比，热情、充满关爱的话语有时更容易打动这些感性的客户。因此，作为推销员，与其煞费苦心地劝说客户购买产品，倒不如用温情打动客户。但要做到这一点，还需要我们推销员善于在推销工作中讨巧煽情。

对于销售员来说，良好的亲和力是能够与客户融洽交谈的必然要素。想要在客户心中建立起亲切感，我们不仅要做到语言亲切、自然，还要做到关心客户的生活。这样才能使客户感到愉快，从而对销售人员产生信任。热情的语言也决定了态度的热忱。

具体来说，你需要做到以下几点：

1.不要急于谈生意

客户也是人，也会受情感的左右，尤其是那些感性的客户。所以，在接近客户之初，不要急于谈生意，先寻找共同感兴趣的话题。这样，在不做生意只谈朋友的前提之下，和客户取得了心灵的共通，博得了相互之间的认同。先做朋友，后做生意。既然是客户的朋友了，对于客户说，跟自己熟悉的朋友合作，自然要比跟陌生的人合作更加放心了。只要做成了朋友，那么你的单子自然很快就签下来了。

2.理解客户的情感，说话时以情动人

销售员可以以朋友的心态来面对每一个客户，多站在客户角度想想，考虑一下客户的利益，倾听他们的想法。可能一次两次客户不能接受自己，但只要我们是真诚的，我想第三次就能打动他了，真心付出总会有收获的。

3.用行动来打动客户

用情感打动客户，还需要我们用具体行动来证明。比如，在客户最无助的时候及时出现、帮客户解决某些生活中的难题、为客户做些举手之劳的小事等，让客户真正感受到我们送去的温暖，自然愿意对我们打开心扉！

4.雪中送炭，为客户排忧解难

日本著名的保险销售能人山田正皓有一次去拜访一位老客户——一家房地产公司的总裁。他到达客户的办公室时，正巧遇到这位总裁的一个朋友因为不知如何运用一块闲置的土地而发愁。他立刻为其介绍了一家专门建设出租公寓的建筑公司。还有一次，他主动撮合一家电视公司与另一家电脑软件公司的负责人认识，目的就是想助他们一臂之力。

总之，尽管销售员和客户之间存在着利益关系，但这种利益关系并不是赤裸裸的金钱交易，其中还包含着人与人之间的温暖和真情。在推销的过程中，销售员要多关心他们的生活，关注他们身边发生的事情。这样，在无形之中就会渗透到客户的生活中去。销售员要学会在关键时刻送去问候，用情感温暖客户。

客户都希望买到物美价廉的产品

现代商业社会，随着商品的逐步丰富，也导致了销售行业竞争的加大，各种商品，千奇百怪的应有尽有。不管谁拥有稀、奇、特、新的产品，一旦被潜在客户发现，就很容易被认同。在众多商品面前，客户自然就产生了挑剔的心理并对同类产品进行比较。于是，在销售中，我们经常会听到客户说“性价比”一词。也就是说，我们除了要在产品质量、性能、功能等技术指标、质量参数方面满足客户的心理预期外，还要在推销的时候下足功夫，尽量突出产品的性价比。只有这样，客户才会感到物美价廉，选择购买。接下来，我们看看下面的销售场景：

客户：“价格真的太贵了！”

销售员：“小姐，那您认为贵了多少钱呢？”

客户：“至少是贵了500元吧。”

销售员：“小姐，您认为这套化妆品能用多久呢？”

客户：“这个嘛，我比较省，怎么也要用半年吧？”

销售员：“如果用原来牌子的化妆品，要用多久呢？”

客户：“原来那个两个月要买一套吧，因为效果不太明显。”

销售员：“这样吧，您看原来那个牌子的化妆品是200元一套，可以用两三个月，我们按照三个月计算，您半年需要花400元。但是小姐，实不相瞒，我们这种化妆品如果您用得比较省，至少可以用一年，这是所有客户共同得出的经验，由于它富含的营养成分比较多，所以只要稍微用一点，就可以了。”

客户：“真的是这样的吗？”

销售员：“这是我的客户共同的见证。这个周末您有时间吗？我已经约了所有客户举行一个联谊，希望您也能参加。”

客户：“这样啊，好，我相信其他女孩子的眼力……”

案例中的销售员处理客户价格异议的方法是值得我们学习的。这里，他并没有将产品的价格降低，而是采取价格细分的方法让客户感觉到好像占了便宜。

购买到物美价廉的产品，这是客户一致的心理。而很多时候，我们发现，销售过程中，价格似乎成了销售与客户永远难以跨越的鸿沟，因为不管你怎么强调产品已经卖到最低的价格了，客户总还觉得你赚了很多，进而把产品价格一再下压，所以讨价还价也就成了销售过程中无法避免的问题了。而此时，如果我们能和案例中的销售员一样，把价格问题转到价值问题上，尽量让客户看到产品背后的价值，明白“一分钱一分货的道理”，那么，自然淡化客户对价格的敏感，最终选择购买。

当然，除了在价格异议中我们需要让客户感受到产品的性价比外，销售中任何一个过程都需要我们向客户传输这一思想。因为价格问题会始终贯穿于整个销售过程。具体来说，我们可以这样为客户展示产品的性价比：

1.强调产品的优势

销售员应该向客户表明产品所具有的独特优势，要让客户明白“一分价钱一分货”的道理，为客户总结出性价比。这样，客户就会觉得物有所值，也就不会在价格上过分追究了。

2.进行优势比较

“货比三家不吃亏”，抱着这样的心理，很多客户在与销售员达成协议前，都会将同类型的产品进行一番比较，然后会发出这样的感叹：“你们的产品怎么这么贵？人家的产品要便宜得多。”遇到这种情况时，销售人员可采取比较优势的方法，突出自家产品所拥有的其他厂家产品不具备的优势。

例如，手机销售人员可以这样对客户说："我们这款新上市的手机可能比其他手机要贵点，但它却有着其他手机不存在的很多优点。首先，我们的手机是3G手机，可以视频电话，这是目前手机行业最先进的技术；再者，我们的手机外壳采用的是不同于其他手机的材质，不怕磨损；最后，手机电池性能也好，一般情况下，出差时间在一个星期左右，您可以不用带备用电池和充电器。"通过这一番比较，客户觉得多花几百元是值得的，因而也就不再纠结价格问题了。

此外，销售人员还可以比较非产品优势，如免费送货、分期付款、随时提供上门维修服务等，因此，优势比较法是解除客户价格疑虑的重要方法。

3.对客户投入进行时间分解

当客户觉得产品贵时，销售员可以采取这种方法，将产品的价格也就是客户的投入进行时间分析，这样，客户就会明显觉得自己的投入不多，也可以接受。当然，这是人的心理感觉，实际上，客户的投入并没有因此而变少。

例如，某品牌保湿霜180元一瓶，可以使用一年，如此算起来，每月只需支付15元，每天只需花费几毛钱，还抵不上一杯咖啡。这可真是太便宜了！

4.对客户投入进行单位分解

这种方法和上面的方法类似，也就是把某种大的商品进行一定的分解，分解成小单位，这样，使价格听起来相对较低。如每箱多少钱分解成每盒多少钱，每包多少钱改成每支多少钱等等。这样就使商品价格听起来不那么高，客户就比较容易接受了，从而减少价格异议。

第 02 章

话要说到客户心坎上，从情感上操纵客户

作为推销员，我们不得不承认这样一个事实：客户与我们接触之初，往往会存有一种戒备心理，认为销售人员是为其自身利益，千方百计地想把产品销售给自己。因此，作为销售人员，在与潜在客户沟通的过程中，最重要的任务之一就是让客户信任你。而“动人心者，莫先乎情”，人都是情感丰富的动物，只要做到以情动人，不吝啬你的关心，不吝啬你对客户小小的帮助，让准客户随时感受到你的关心，自然会取信于你！

用真诚赞美愉悦客户的心

赞美是世界上最美的语言。成功的秘诀无非是微笑、赞美和关怀。赞美是获取人心的法宝，因为任何人都渴望获得别人的赞美。在与客户交往中多多使用赞美，你就能取得客户的信任，给对方留下好印象。但要记住，赞美之言必须是发自内心。

推销大师乔·吉拉德曾说："所有最重要的事情，就是要对自己真诚，并且就如同黑夜跟随白天那样的肯定，你不能再对其他人虚伪。"松下幸之助也曾说："在这个世界上，我们靠什么去拨动他人心弦？有人以思维敏捷、逻辑周密的雄辩使人折服；有人以声容并茂、慷慨激昂的陈辞去动人心扉……但是，这些都是形式问题。我认为在任何时间，任何地点，去说服任何人，始终起作用的因素只有一个，那就是真诚。"

乔·吉拉德是个深谙赞美艺术的人，如果客户和他的孩子一起来看车，乔会对顾客说："你这个小孩真可爱。"当然，这个孩子可能一点都不可爱，但如果你想要做成生意，就千万不能这么说。

同时，乔善于把握诚实与奉承的关系，作为乔的顾客，可能他们也知道乔偶尔说的并不是真话，但是谁会拒绝那些赞美之言呢？说几句赞美的话，销售的气氛马上愉快多了，消除了敌意，推销也就更容易多了。

有时，乔还撒一点小谎。乔看到过推销员因为告诉顾客实话，不肯撒个小谎，平白失去了生意。顾客问推销员他的旧车可以折合多少钱，有的推销员粗鲁地说："这种破车……"乔绝不会这样，他会撒个小谎，告诉顾客，如果一辆车能开上12万公里，那驾驶者的驾驶技术的确高人一等。这些话使顾客开心，赢得了顾客的好感。

不仅仅是乔・吉拉德，日本推销大师原一平也深知真诚赞美的力量。

原一平有一次去拜访一家商店的老板。

“先生，您好！”

“你是谁啊？”

“我是明治保险公司的原一平。今天我刚到贵地，有几件事情想请教一下您这位远近闻名的老板。”

“什么？远近闻名的老板？”

“是啊，根据我调查的结果，大家都说这个问题最好请教您。”

“哦！大家都这样说啊？真是不敢当，你说吧，到底什么问题呢？”

“实不相瞒，是这样的……”

“站着谈不方便，请进来吧！”

……

每个人都渴望被别人赞美，获得认同，客户也是。这里，销售大师原一平之所以能成功推销，就在于他学会了赞美。用第三者“大家”的口吻去称赞商店老板“远近闻名”，给老板予以肯定，赢得了老板的好感和认同，接下来的沟通就容易多了。

赞美客户是件好事情，但并不是一件简单的事。尤其是那种毫无根据、泛泛而谈的赞美，更有奉承之嫌。那么，作为销售员，我们该如何赞美客户呢？

1.赞美要有根据

销售员在赞美客户时，一定要有根据。这里的根据，指的是赞美要实事求是，要具体，这样的赞美才显得真实，才容易让人接受。那么，哪些是赞美中的“根”和“据”呢？这其实很简单，我们可以尽量让赞美细节化，避免泛泛之谈。比如，我们在与客户交谈的时候，可以赞美客户的经历、办公室的布置等。

“张总，之前我听您部门的小刘说你是个很随和的领导，真是不假，一见到您，我就觉得特亲切。”

2.间接比直接赞美更有效

不太适合直接赞美客户的时候，我们就可以选择间接赞美的方式，而这一方式，通常更能彰显出赞美的效果。间接赞美的方法有以下几种：

（1）赞美客户最关心的人或事。比如，你发现客户的车很好，但你并不能直接对客户说：“这车真不错！”因为你这样说，还有另外一层含义，车子怎样多半是厂商的功劳，客户只是花钱购买，因此，聪明的你应该找到客户更想听到的话，比如：“这车保养的真好！”或“你挑车的眼光真好！”这就真的是赞美客户了。

而如果你的客户是位女士，那么，她最为关心的话题也许并不是她自己，而是她的丈夫和孩子。如果你能从这一点赞美，那么你就会发现，这比赞美她本人还要令她高兴。

（2）借用第三者的口吻来赞美。直接恭维会让客户觉得有奉承之意，而如果你能借用第三方的口吻，则会显得更真实。比如说：“怪不得小张说您越来越漂亮了，刚开始还不相信，这一回一见可真让我信服了。”这样就比对客户说“您真是越长越漂亮了”好得多。

（3）从否定到肯定的赞美。这种用法一般是这样的：“我很少佩服别人，您是个例外。”这样赞美，更显真实。

3.善于发掘客户的亮点，赞美要有新意

你所接触的客户并不都是成功人士和精英，他们身上也不都有着明显的闪光点，事实上，他们大多数都是平凡者。因此，销售员在面对客户时，要细心观察，留意客户身上某些具体的事件，任何的细微小节都不放过，只有你的赞美深入、具体，客户才会觉得你对他足够重视，才能感觉到他所获得的肯定是真实可信的。

总之，赞美要落到实处，就要找到具体的赞美点，这个赞美点必须是客户身上真实存在的。在赞美时指出细节，说明它的特点，给出自己的评价，这样的赞美会让客户有真实感，才会让客户认同你的说法，从而改变态度，就你的推销进行商谈。

谈谈自己的经历，拉近彼此距离

作为推销员，我们都知道，在向客户推销的过程中，客户是心存芥蒂的，他们认为推销员多半是为了推销而推销，他们甚至吃过推销员的亏。此时，如果我们一味地向客户推销，有时不但不能打动客户，反而会加重客户的疑心。而如果我们能体会客户的情感，谈谈自己的经历，那么，便能很快拉近与客户的心理距离。

一般来说，成功的推销员都具有非凡的亲和力，他们非常容易博取客户的信赖，容易让客户喜欢他们，接受他们。换句话说，他们会很容易跟客户成为最好的朋友。许多的销售行为都建立在友谊的基础上，我们喜欢向我们所喜欢、所接受、所信赖的人购买东西，我们喜欢向我们具有友谊基础的人购买东西，因为那会让我们觉得放心。所以一个销售员是不是能够很快地同客户建立起很好的友情基础，与他的业绩好坏具有绝对的关系。

推销大师乔·吉拉德有这样一次推销经历：

有一天，乔·吉拉德的车行里来了一对夫妇，乔立即出来接待他们。

“你们好！选中自己喜欢的车了吗？”等对方在车行看了一会儿后，乔很热情而礼貌地上前询问道。

“你这里的车不错，不过我们还得考虑考虑。”

其实，当客户说出这句话的时候，乔已经判断出了客户的心理。于是，乔准备再试探一下。

“你们知道吗？我跟我太太也和你们两位一样。”

“一样？是吗？应该不会吧？”他们说。很明显，他们产生了兴趣。

乔·吉拉德说："我们家每次在准备添置某些大件之前，我都要和太太谋划半天，常常是思虑再三，生怕买了不好的产品，花了冤枉钱，怕自己对产品了解得不够而上了推销员的当。也正因为我知道消费者在购买产品时有这一担心，我在做销售时，从不让我的客户感受到任何强迫，我要给客户充分考虑的时间。说实话，如果不这样的话，我宁可不和你们做生意。当然，请别误会，我真的很想同你们合作，但对我来说，更重要的是你们在离开时能够有一种好心情、好感觉。"

"先生，很高兴您能这么想，谁说不是呢？谁都希望买到放心的产品。不错，我们从不向那种企图强求的推销员购买任何东西。"那对夫妇说。

乔·吉拉德接着说："讲得对，我很高兴听你们这样讲，我请求两位花点时间，好好想一想。要是需要我的话，请叫我一声，我随时恭候。"然后，乔·吉拉德就回到他自己的办公室，静静地等待。

当然，乔·吉拉德知道"想一想"对他们来说不仅仅是几分钟，可能是好几天，而自己却不能放走这么好的机会。于是10多分钟后，乔·吉拉德回来，若无其事地对他们说："我有一些好消息要告诉两位，我刚刚得知我们的服务部最迟今天下午就能把你们的车预备好。"

"我们想明天再来。"

"明天？"乔·吉拉德笑了笑，"今天能做的事最好不要拖到明天，如果你们确实拿不定主意的话，可以多方面考虑考虑。我看两位都是利索的人，很快就会下决定的，对不对？"

其实，如果是真心购买的客户，今天买和明天买的确没什么区别。所以，当乔·吉拉德利用"今日事，今日毕"的说辞营销时，也就是顺理成章的了。

他们夫妇二人也的确是当即拍了板，"好吧，我们现在就买了。"

推脱是人的普遍特征，推销员在工作过程中会经常碰到这样的情况。如果缺乏技巧，那推销成功的机会就变得非常渺茫，而如果能像吉拉德那样巧妙的引导，就会有所斩获。

可见，在销售中引入情感的因素，几乎能帮助你在任何问题上获胜。通过这种方法，能让客户喜欢、接纳和依赖你，而一旦客户对你产生依赖性，那么，接受你的产品自然也就不在话下了。一个被我们所接受、喜欢或依赖的人，通常对我们的影响力和说服力也较大。亲和力的建立是人与人之间影响力及说服能力发挥的最根本条件，亲和力之于人际关系的建立和影响力的发挥，就如同盖大楼之前须先打好地基的重要性是一样的。所以，学习如何以有效的方式和他人建立良好的亲和力，是一个优秀的销售人员所不可或缺的能力。

那么，作为推销员，我们在推销的过程中可以谈及自己哪方面的经历呢？

1.和客户谈谈自己曾经被骗的经历

通常来说，我们在购买某些产品时，或多或少会因为粗心大意被一些巧舌如簧的推销员欺骗过，而这些经历，我们的客户肯定也有过。我们如果能将这些经历拿出来和客户分享，那么，不仅能和客户找到共同话题，还能引起客户的共鸣，进而赢得客户的信任。

2.与客户聊聊自己在销售过程中的“光荣事迹”

如果你告诉你的客户，你曾经帮助其他客户解决某些难题，或者做了某些好人好事等，那么，势必会让你的客户对你刮目相看，对你的信任度也会大大增加，但前提是你所说的每一个“事迹”都必须是真实的。

当然，推销员可以与客户分享的经历并不只有以上两种，凡是能起到打动客户的目的的经历，都可以拿来为我们所用！

始终站在客户的角度推销

在销售活动中，客户所关心的是自己的利益，销售员所关心的是自己的提成或公司的利益，这两者看似是矛盾的，实则是一致的。只有客户的利益得到了保障，公司的利益才有基础。因此，在认清客户利益的重要性的前提下，销售员在说话时一定要设身处地为客户考虑，善于从客户的角度出发，为目标客户介绍他最适用的产品的特点，为客户提供最真诚的建议，满足客户的愿望，充分理解客户、尊重客户。只有这样，才能为自己的成功和公司的长足发展打好基础。

张兰是一名化妆品推销员。一次，公司推出一款新品，张兰就想通知自己的几个老客户，看谁对这款产品有兴趣。她拨通了第一个客户的电话。

张兰："周姐，您好，我是小兰啊。"

客户："哦，是你啊。有事吗？"

张兰："我们公司新推出一款产品，我觉得很适合您，就给您打个电话，您上次不是让我留意的吗？"

客户："哦，这样啊。我知道你说的这款，我不怎么喜欢，要不，你给我拿套那个××吧，那是大牌子。"

张兰："我知道您说的这款。其实，姐，这套相对来说贵很多，您可能并不在乎钱，我给您卖贵的，我拿的利润当然也高，但贵并不一定就适合您。说实话，那款产品，你用的话，因为肤质的关系，我怕您会过敏。我建议您还是不要买。"

客户："小兰啊，你可真是会为我考虑啊，我信得过你，今天下午你到我家来一趟吧。"

情景中的张兰可以说是一名称职的的销售员，这样的销售员总是会站在客户的角度思考问题，自然会赢得客户的信任。

销售员要想把产品卖出去，首先就要与客户之间建立良好稳固的关系。要实现这一步，销售员就要做到最基本的一点：从客户的角度出发，要了解客户，知道客户真正需要什么。对此，销售员在与客户沟通时要遵循以下几点原则：

1.理解客户的心情

一个总经理招聘秘书，收到了一百多封求职信，看得他头昏眼花，不知道该如何选择。突然间，有一封求职信吸引住他的目光："总经理先生，您好，我知道您现在要看很多求职信，一定很头痛，而我非常希望帮您处理这个问题。过去我曾经在人事单位工作多年，经验丰富，我相信自己有能力来帮您解决这个问题。”

这位总经理眼睛一亮，立刻打电话邀请这位求职者来上班。

这封求职信的文笔并不算是特别优美，求职者也没有大肆宣传自己的能力。她只是站在这位总经理的立场，思考他的需求，就从众多竞争者中脱颖而出，为自己赢得了一个工作机会。这样的理念如果用在销售上，也会产生神奇的效果。

2.重视客户的利益

说服客户，不仅需要较好的语言技巧，更重要的是要掌握正确的原则：抓住客户的切身利益展开说服工作，即“站在别人的角度，说自己的话。”

每个人在沟通的过程中都有一个自己的立场，若别人说话的立场和自己的不同，自然就会产生抗拒心理。聪明的销售员应该学会和客户站到同一个立场上去，并从客户的角度出发思考问题。

3.帮助客户解决问题

一位好的销售员可以为客户提供解决办法，为其减少麻烦，并帮助他们拓展业务。在约见客户之前，你最好对他们生活和工作有所了解，知道他们目前正在遭遇哪些问题。如果你的产品恰好有助于他们改善或有效解决眼前的困境，那你就要抓住时机告诉客户：你的产品在解决难题过程中的种种优越之处。如果你的产品能够协助客户有效解决遇到的难题，那么即便你不做过多的介绍，客户也会对你的产品情有独钟、充满兴趣，从而产生购买的想法。

诚信沟通，效果更为直接

何为诚信？从道德范畴来讲，诚信即待人处事真诚、老实、讲信誉，言必行、行必果，一言九鼎，一诺千金。在《说文解字》中的解释是“诚，信也”“信，诚也”。可见，诚信的本义就是要诚实、诚恳、守信、有信，反对隐瞒欺诈、伪劣假冒和弄虚作假。

俗话说“以诚待人，人自怀服”，销售人员只有诚心待人，客户才会信服；吹嘘卖弄，客户就会敬会远之。

在日常生活中，我们可以看到，确实有些销售人员为了将产品推销出去而对顾客采取了欺骗的方式，甚至有些销售人员对客户开出了空头支票，答应能做到的都没有兑现，引发信任危机，最后影响销售，客户不予以配合，市场工作难度进一步加大。因而销售人员在工作中要真诚对待客户，找到客户需求，在维护企业利益的同时站在客户立场上考虑问题，诚心为客户服务，帮助客户发展，千万不能欺骗客户。对待产品问题也要实事求是，更要说到做到，并让客户和消费者去感受到你的诚心，一两次后客户就会理解你、尊重你，最终转变为积极主动的配合，这样才能达到销售人员的最终目的。

曾经有一家国际性的大公司招销售总监，这天，面试大厅里等候着很多人，其中大部分人是在销售行业经验丰富的老手，一个刚踏入社会的年轻人因为没有找到工作，也来碰碰运气。

这时，终于轮到他了。主考官在问过姓名和学历之后，又问道：

“干过推销吗？”

“没有!”年轻人答道。

“你知道销售员工作的目的是什么吗？”

“让客户了解产品，从而心甘情愿地购买。”年轻人不假思索地答道。

“你打算怎样跟推销对象开始谈话？”

“‘今天天气真好’或者‘你的生意真不错’”。主考官点了点头。

“你有什么办法把打字机推销给农场主？”

年轻人稍稍思索一番，不紧不慢地回答：“抱歉，先生，我没办法把这种产品推销给农场主。”

“为什么？”

“因为农场主根本就不需要打字机。”

主考官高兴得从椅子上站起来，拍拍年轻人的肩膀，兴奋地说：“很好，你通过了，我想你会出类拔萃。”

此时，主考官的心里已经认定这个年轻人将会是一名优秀的销售员，因为最后一题，只有这个年轻人的回答让他满意。以前的应聘者总是胡乱编造一些方法，但实际上绝对行不通，因为谁愿意买自己根本不需要的东西呢？

销售人员最重要的是讲诚信，情景中的年轻人之所以能在考试中脱颖而出，赢得考官的好感就是因为他诚实。在销售行业，只有做到讲诚信，让客户信任你，客户才会放心地购买你的产品。因为只有讲信用的销售员才会有责任心，将客户的利益放在心上，也才会做到前后一致、言行一致、表里如一。相反，如果销售人员不讲信用、前后矛盾、言行不一，客户则无法判断他的行为动向，不愿意和这种销售人员进行交往，这样的销售人员自然也没有什么魅力可言。

因此，诚信是成功进行推销的一个基本因素，因为没有人愿意和不讲信用的人打交道，也就更谈不上什么交易关系了。所以，销售人员在进行口才展示时，务必要注意这一点，要不断地去表达“信用”，强调“信用”，特别是在熟悉的客户面前，这种信用更是成功销售的催化剂。

日本松下幸之助说过，信用既是无形的力量，也是无形的财富。在销售工作中，更是能体现这句话。信用有了保障，那诚信就毋庸置疑。

多说感性的话，让客户自愿掏钱购买

我们知道，人都是情感的动物，人与人之间从毫无关系到认识，再到信任，最后成为朋友，就是人们常说的“缘分”，但这需要彼此间心与心的交流。这点告诉我们，从事销售，在与客户正式沟通前，我们也要有意识地制造自己与客户之间的这种“缘分”，而制造这种“缘分”的关键就是：语言要真诚婉转，以情动人。如果我们能说些动情的话，打开客户的心结，那么成功开发客户的概率无疑会大大提高。与冷冰冰的销售言辞来相比，热情、充满关爱的关怀有时更容易打动客户。然而现实销售中，一些销售员能言善辩，介绍产品时口若悬河，却在销售中四处碰壁，其中，很大程度上的原因就在于此。

这是一名销售人员与顾客的对话：

“我们现在不需要。”

“看得出您很忙！有你这样的人持家，你的家人一定十分幸福！”

“噢，谢谢！今天我丈夫不在家。”

“我听说了，我知道您先生是一位事业成功、在业界有影响力的优秀人士。那句话说得没错‘每一个成功的男人背后都有一个伟大的女人。’”

“呵呵，哪里。我们对你的产品还是挺感兴趣的，等我丈夫回来后，我们一块儿去你那里购买。”

“好，谢谢！这是我的名片。”

从上面这个案例中，我们可以发现，这位销售员的话奏效了，他在面对客户拒绝的时候，仍然保持良好的态度，并对客户说了一些“动情”的话，从而获得了客户的认可，成功打动了潜在客户。可见，在与潜在客户沟通的时候，销售员不要以为自己的语句合乎逻辑就可以让推销的工作顺利进展了，真正打动人的是带有情感的话。成功的销售员都会想客户所想，忧客户所忧，尤其是对于那些感性的客户，这一方法总是更显效果。

每个人的心中都会留有一片空地，专门为情感打结所用，所谓“心有千千结”并不夸张。虽然推销员不是解开情感心结的人，但销售员必须知道，这结是情感的结，推销中要注意把握情感，做情感的舵手。

那么，销售过程中，销售员该如何说“动情”的话，以此来感动客户呢？如何拥有热忱的态度呢？

1.真正关心你的客户

（1）千万不要撒谎，谎言是致命的。

（2）珍惜客户的时间。

（3）销售中，如果你对自己的产品介绍有误，就要大胆承认，否定只会让客户对你产生质疑，影响信任度。

（4）多为客户考虑，不仅要满足客户表面要求，更要为客户提供深层次的想法和意见。

（5）永远不要否定你的客户。

（6）理解你的客户，他是繁忙的，他的工作压力来自各个方面，还有很多工作和生活中的烦恼。

（7）让你的客户感受到来自你的尊重，让他在同事或者上司面前有面子。

（8）要不知足地学习客户的业务。

（9）如果你对客户的业务不熟悉，就不要不懂装懂，对于不懂的问题，不妨直接问他，客户通常是喜欢与别人谈论他的业务的。

（10）保持热忱的态度，情绪不要激动，你要稳重并有做生意的样子，要冷静地工作。

2.态度要诚恳

在与客户沟通的过程中，要让客户感到你是诚实的，客户是不愿意和一个虚伪狡诈的人沟通的。因此，销售人员说话一定要恰如其分，符合双方的身份，不然，就会引起客户的反感。

3.关心客户身边的人

对于销售员来说，具有良好的亲和力是能够与客户融洽交谈的必然要素。想要在客户心中建立起亲切感，亲近客户的身边人是一个不错的方法。客户的亲戚朋友，尤其是孩子，真的是你一大好助手。在日常生活中，多研究儿童的心理，对你的推销大有帮助。

在日本，家庭主妇上午多忙于打扫与洗衣服这时候，她们多半不欢迎推销员，而有空闲应付推销员的时间大约是下午四点钟，而这时正是婴儿午睡的时间。

大吉保险公司的川木先生只要看到某户人家晒着尿布，就不会轻易按门铃，只是轻轻敲门，以示访问之意。当主妇前来开门时，他会用最小的声音向一脸狐疑的母亲说："宝宝正在睡午觉吧？我是大吉保险公司的川木先生，请多指教。四点多的时候，我会再来拜访一次。"

任何母亲对这种细心的考虑都充满感激，不是立即邀请他进来坐，便是在他重新来访时面带笑容地迎接他。反之，如果大摇大摆地冲进去，只会被对方撵出去。

另外，我们一定要把话说得亲切和蔼，这样才能使客户感到愉快，从而对销售人员产生信任。热情的语言也决定了态度的热忱。

可见，销售就是一场心理战，我们能否打开客户的心，直接关系到我们是否能成功推销出去产品。而善辩者不一定就是优秀的销售员，销售员与客户结缘也绝用不上什么高深理论，最有用的可能是那些微不足道的家常话。这些话只要能说到客户的心坎上，就能打动客户，就能产生积极的效果！

第 03 章

拜访客户，高效沟通才能获得客户认可

我们都知道，销售就是靠嘴吃饭的行业，“只要肯干活，就能卖出去”的观念已经过时了，取而代之的是“周详的计划加上口才”。这一点在拜访客户时，体现的尤为明显。拜访客户是营销活动中很重要的一个环节。只有在拜访客户的过程中，获得客户的认可，才能有下一步推销的可能。拜访时，我们除了具备智慧、经验以及足够实践经验外，还必须掌握一套必备的说话策略。掌握这些说话策略，成功拜访的可能性将大大增加。

好的开场白是成功的一半

任何一次语言沟通都少不了开场白。高尔基也说过："最难的开场白，就是第一句话，如同音乐一样，全曲的音调都是由它来决定的，一般要花较长的时间去寻找。"这也是说，与人沟通，如何说好第一句话很重要，如同音乐的基调一样。对于如何找到音乐的基调，不可不知，不可不学。

好的开场白是成功的一半。在销售员与客户见面时，客户在打量销售员以后，注意力会立即转移到销售员的语言上，这时候就要看销售员如何开场了。销售员要在两分钟内完成一个精彩的开场白也并非易事，而且，一般情况下，很多客户对销售员都会有习惯性的防御心理，只是程度不同而已。销售员在开场的时候，不妨抓住客户的这一心理，不走常规路线，用异乎寻常的方法开场。我们先来看现代的销售场景：

销售人员："今天沟通的流程是这样的，我先为您介绍一下产品的各种功能，接下来讨论一下后期的维护问题。"

客户："现在讨论维护问题还为时过早。"

销售人员："那么，我们讨论产品的功能吧。"

客户："我今天忙得很，改天再说吧。"

销售人员："那您什么时候有时间呢？"

客户："你这人怎么这么烦呢？说了没时间。"

销售员无言以对。

这就是客户逆反心理的典型表现。上述的潜在客户对销售人员的提议并没有做深入的思考，便立即将自己头脑中的第一反应说了出来，直接反驳了销售人员的意见。他的一系列回答表明的是他对销售员推销的产品没兴趣，其实，这主要是由于销售员没有设计一个可以感兴趣的开场。

在这里，我们需要了解的是逆反作用并非真正反对，因此不能把它当成反对来处理。但实际情况是，一旦客户对销售人员所说或所做的事产生逆反心理，许多销售人员把这种情况当成销售异议来处理。他们认为如果能解决了异议，客户的逆反心理就会自动消失。但是这种公式化的处理方法对于逆反心理是没有作用的，因为你不能压制客户表现自我价值的需要。那么在开场的时候，我们如何才能尽可能地降低客户的逆反作用呢？

1.多问少说

常规思维是销售员向客户陈述自己和产品，而实际上，这种方法正助长了客户的逆反心理，这是因为大多数的陈述通常有一个明确的观点立场，很容易被人抓住并提出反对意见。例如："我们的产品声誉很好。"这一陈述就容易被持有其他观点的人反对，其实在他们看来可能是"是吗，我怎么听到很多不好的评论呢""我用过，真不怎么样"等等，反正是与我们的陈述相对立。

要减少逆反作用，必须从预防开始。有时候，不妨多对客户提问，这样，就可以调动客户的情绪，激发客户的兴趣。

2.增加可信度

在销售中，对于前来推销的销售人员，多半客户是不信任的，所以有抵触心理，尤其是对于那些初次见面的推销人员，更是小心谨慎。而对于那些他们相信的、熟悉的销售人员，客户的态度就会积极很多。

可见，销售过程中，建立可信度是主要目的，但这不是一朝一日就能建成的，需要销售员长期的努力。当客户认为你可以信任的时候，就很大程度提升了你销售成功的可能性。可信度使得客户和我们的关系比较融洽，也就减少了客户逆反心理的发生概率，打开有效交谈的大门。人们总是乐于和自己信得过的人分享一切，客户亦是如此，他们不再将我们拒之门外，而是会主动邀请你进行更深入的交往。

3.激发客户的好奇心

每个人都有好奇心，正如美国杰克逊州立大学刘安彦教授说的“探索与好奇，似乎是一般人的天性，对于神秘奥妙的事，往往是大家最关心的对象”。在销售中，销售员也可以利用人的好奇心，来激发客户的好奇心。

激起客户的好奇心是引导他们进行有效交谈的最佳途径之一。有好奇心的客户愿意更多地了解你的产品和服务，人们不太可能既好奇又逆反。

你可以观察到，当人们开始产生好奇心的时候，会谈的气氛会变得活跃起来。.好奇心使得人们更加投入，注意力更集中，甚至身体也会向你靠拢过来。他们提出问题满足自己的好奇心，也就是要求我们的帮助。显然，客户不可能一边要求你的帮助，一边又把你推开。

4.进行立场转换

减少逆反作用的另一个方法是转换自己的立场，这样你得到的回答正好是自己想要的。我在曾经的销售中通常问客户这样的问题：“我来得不巧吧”“打扰您了吧”“下星期做销售演示是否太快了”等等。上述每个问题的回答似乎都是负面的，所以对方的逆反心理往往使他的回答正中我们的下怀，这一技巧就叫立场转换。

销售都是从被拒绝开始的

拒绝，是令世界上每一个销售员都头疼的问题。但是，不存在拒绝就不存在销售，真正成功的销售员，也是从被别人拒绝的难堪中一步步走出来的。如果一个销售员从来没有听到过客户的拒绝，那么他就不是一个真正的销售员，充其量只是一个订单接受者。在一定程度上，客户拒绝就像吃饭穿衣一样普通常见，是销售过程中一个必然存在的部分。美国著名成功学大师杰弗里·P.

戴维森曾说过："通常情况下，当客户说过七次'不'之后，交易就会成功了。"

为此，在拜访客户时，如果作为销售员不能很好地处理客户拒绝，那么就很难得到客户的认同，也容易影响自己的心情。毕竟，经常被拒绝会令人变得非常沮丧。

某销售员到某小区推销产品。

客户在试用完销售人员提供的产品后，觉得不合适，拒绝了销售员。

销售员："夫人，请问您试过之后觉得还满意吗？"

客户："不满意。"

销售员（微笑）："我是真心为您服务的，并真诚向您请教，您能告诉我是哪方面不满意吗？因为这是我们店里新到的货，我们要及时地关注客户对它的反映。另外，如果您不满意这件上衣，我再为您推荐其他几款。"

客户："你这小姐服务态度真好，那行，还有什么新款，我再看看。"

情景中的销售人员在面对客户拒绝的时候，仍然是以积极的心态向客户请教，这样的销售员才是合格的。即使这次她没有卖出去产品，但她谦虚大方的态度会让客户感到她是以负责的心态来推销产品的，这名客户自然成了她的准客户。

的确，作为销售员，在拜访客户时如果被拒绝，也应该保持积极的状态。如果发现客户的拒绝只是一种自然而然的防范心态，就需要以比较温和轻松的方式继续沟通。如果客户真正地拒绝，那么就保持优雅的礼貌，把精力放在发展客户关系上。不论客户有没有购买产品，一旦建立了良好的客户关系，以后自然会拒绝变少，接受变多。

而要做到这些，销售员就要做到有个好心态。

1.转换思维，正确看待被拒

销售界，没有拒绝就没有销售成功，累积一次次被拒的经验，就是一笔笔销售的财富。销售代表训练之父耶鲁马·雷达曼说："销售是从被拒绝开始的！”世界首席销售代表齐藤竹之助也说：“销售实际上就是初次遭到客户拒绝后的忍耐与坚持。”明白这个道理，销售员在被拒的时候，就不应该那么消极了，而应该有点阿Q精神。这种精神并非消极，它会让你面对挫折越战越勇，所以推销中我们应把拒绝看成是我们的路标，一路上数着被拒绝的次数，次数越多，心里就越兴奋，告诉自己达到二十次拒绝时就会有一个认同者了。

2.要习惯被客户拒绝

对于客户的拒绝，销售员必须积极对待，并要逐渐习惯这种拒绝。其实，有时候客户的异议与拒绝反倒是对产品感兴趣的表现。试想，如果客户对你的介绍充耳不闻，甚至漠不关心，那么他就没有购买意向，你的努力也就是白费。所以，销售员要在心里鼓励自己说：“被拒绝的次数越多越意味着将有更大的成功在等着我。”必须正面看待客户说出的拒绝。

3.调整你的情绪

真正有成就的销售员是愈挫愈勇的，因为他们了解客户的心理。客户基本上都会习惯性地对销售员有防御心理，他们也总是习惯于拒绝销售员，因为这样就能争取销售中的主动地位，拒绝销售员也是他们争取更多利益的武器。因此，在沟通的过程中，销售员千万不能因为客户的拒绝而表现得沮丧和恐惧，有时候只要积极一点，即使已经被拒绝了，还是有挽回大局的可能。

如果每逢遭遇客户拒绝就情绪消极、轻言放弃，那么这样的销售员是很难获得成功的。无论最后能否实现成交，我们都应该以一颗平常心去面对。

4.化解拒绝

（1）保持应有的礼貌。即使被客户拒绝了，销售员也不要忘记对客户尊重和应有的礼貌和态度，不要因为客户没有购买就横加指责。相反，一如既往地对客户礼貌有加，即使客户这次不需要，下次有需要的时候，一定会购买。

（2）坚持最后三分钟。有些客户是相当反感死缠烂打的销售员，聪明的销售员能在客户的语言和动作中察觉出客户是否真的拒绝。对于那些有需求的客户，销售员不妨再坚持三分钟，告诉客户，“三分钟，只要三分钟就好！”面对这样坚定、诚恳的语气，客户一般不会拒绝。销售员可以抓住这个机会打动客户，为接下来的销售打开局面。

（3）从拒绝中总结经验教训。要弄清楚客户不愿购买的真正原因，不断地分析自己的销售技巧，确定有待改进的地方，然后付诸实践。埃里希·诺伯特是德语地区最著名的管理和销售培训专家之一，他曾说过，“不要害怕客户任何形式的拒绝，只要你抓住一个关键点：弄清客户拒绝购买的真正原因，那一切问题就会像医生找到了病因一样变得明朗起来。”

在销售过程中，很多客户都会在一开始就对销售员推销的产品表示了异议，进而迅速否定，这往往令销售员非常沮丧。其实，客户提出异议是很正常的事，而这通常也是客户对你的产品感兴趣的一个信号。但是销售员在面对这种情况时，往往不是对客户提出的拒绝进行识别，而是想尽快化解客户的拒绝，但越是这样越会引起客户的不信赖。所以当遇到这情况时，销售员可以积极引导客户，让其说出产生异议的原由，这样你才能了解事情的真相。

寒暄式开场，营造轻松良好的交谈氛围

寒暄是开场白中最常见的一种。这种方法通常适用于我们与客户第一次打交道，因为问候对方是一种礼节，让客户感受到我们的善意，然后才能进行下面的交易。寒暄作为交谈的“导语”，具有抛砖引玉的作用，得体的寒暄可以赢得客户的好感，让沟通顺利进行下去。

某周六早上，老年保健品推销员小林敲开了准客户刘老先生的门。开门的正是刘老先生。

进门以后，小林扫视了一下客厅，整个客厅都有种古色古香的感觉。不一会儿，他抬头就看见满客厅的字画。很快，他就找到了与刘老先生交谈的话题。

“哎哟，这字写得，我真不知道怎么形容。刘老先生，这是您从哪里弄来的墨宝呢？是市里哪位书法家的真迹啊？”

刘老先生一听，顿时笑了起来，说：“你真是见笑了，这是我父亲写的，他比较爱好这些，平时没事就练练书法……”

“看来我今天还真是来对了，令尊现在在家吗？”

“这几天他去省城的姐姐家了，估计过几天才会回来。”

“真是可惜了，我还想要是令尊在家的话，我想向他老人家讨要点他的字画呢！”

“哦，原来是这样啊，这个你可以放心，我可以做主，送你几幅。”

“太谢谢您了……”

就这样，刘老先生与小林就中国字画的问题聊了起来。聊到尽兴之时，小林突然装作乍醒的样子说：“刘老先生，您看，我和您一聊到这里，就忘了我今天来原本是要想……不过，您不购买也没关系，我今天可是收获颇丰啊！”

“你说的是老年保健仪器？老爷子身体现在越来越不好了，我也没时间陪他锻炼身体，要不，你回头送一台过来给我看看吧。”

“好的，谢谢刘老先生啊。”

案例中的客户刘老先生为什么会如此爽快？很简单，这得益于销售员小林在提出销售问题前进行了一番语言的铺垫，得体的与之寒暄了一番。在小林进门之后，他就对客户家的一些特点进行观察，于是，他很快找到了与客户寒暄的话题。我们再细想一下，难道他真的不知道那些字画出自客户父亲？当然知道！他这样问，只不过是让自己的赞美显得更真实可信。于是，针对客户家的这些与众不同的“风景”，小林与客户展开了一番深入的交谈，他很快便获得了客户的好感。此时，小林再提出自己拜访的真正目的，客户的抵触情绪自然少得多。而在这种情况下的小林依然不忘提及自己“今天拜访收获颇丰”，这就更加加深了客户对自己的良好印象。这时，客户再从自己的角度考虑，就很爽快地表明自己有购买需求。

事实上，在对客户的拜访中，我们寒暄的内容可以是多方面的，比如天气冷暖、身体状况、风土人情、新闻大事等，我们尽量用语言把话题引到客户感兴趣的话题上去。但是寒暄时具体话题的选择要讲究，要注意话题的轻松性，话题的切入要自然。

一个好的开始就是成功的一半。人们见面时通常会有一番寒暄，销售也是如此。一段精彩的开场白，通常也都是以寒暄作为铺垫的。英国著名作家托马斯·卡莱尔曾说："礼貌比法律更强有力。"寒暄其实就是一种礼貌，也是在与客户接触中一个比较重要的问题。作为销售员，我们在与陌生客户正式交谈之前，能否做好开场工作几乎可以决定我们是否能成功拜访客户。因为初次见面的时候，客户一般都有戒心，对销售人员有一种自然的防备心理。为了打破相互之间的隔膜，我们不妨与客户寒暄一番，迅速拉近与客户间的距离，尽可能与对方实现沟通和交流。

与客户寒暄的前提是，我们要大胆、自信、主动地和客户交流，敢于向客户抛出话题。这一点对于那些刚踏入销售行业的新人来说，尤为重要，如果不敢主动迈出第一步，就无法做到突破。刚开始做业务，有时候不知道跟客户讲些什么，而且有时候有很多的顾虑，很容易冷场。

除了主动外，我们寒暄时还要表达自己的真诚与热情。试想，当别人用冷冰冰的态度对你说"我很高兴见到你"时，你会有一种什么样的感觉？当别人用不屑一顾的态度夸奖你"我发现你很精明能干"时，你又会做何感想？推己及人，我们寒暄时不能不注意态度。

掌握一套拜访客户的必备说话策略

很多销售人员认为，拜访客户时只要能说会道，对产品足够了解就可以打动客户。实际上，你会发现，无论你怎么能言善辩，你的拜访结果一直都维持

在一个不太满意的水平上。这是为什么呢？其实，拜访的技术掌握程度是决定销售成败的最关键因素，我们除了具备智慧、经验以及足够实践经验外，还必须掌握一套必备的说话策略，而且，有些话必不可少。如果我们能将这些话都说到位，那么，成功拜访的可能性将大大增加。

一套完备的说话策略包括三个方面。

1.巧妙开场，打消客户的顾虑

柳叶是某公司的销售主管，一次，她约好与某公司的采购主任方先生进行洽谈。

双方见面后，业务代表与采购主任方先生之间的交易似乎不太顺利，谈话也不是很畅快。经验丰富的柳叶看出问题出在了双方交谈缺少某些“润滑剂”上。于是，她灵机一动，突然想起来，她曾经在整理方先生的信息资料时发现方先生有一对双胞胎女儿，今年刚刚上小学，方先生特别疼爱她们。于是，柳叶就趁机与他聊起了女儿。

“听说方先生有两个非常可爱的女儿，是吗？”

“是的。”方先生脸上顿时流露出来一丝微笑。

“听说还是双胞胎，今年几岁了？”

“7岁了，这不已经上学了。我下班还要去接他们呢。”

“听说她们的舞蹈跳得特别棒。”

“是呀，前几天还代表学校参加全市的演出了呢。”

提起了女儿，方先生的话就多了，聊了一会女儿，方先生主动把话题引到了这次见面的业务上。

“其实，你们公司的产品……”

我们发现，案例中的销售主管柳叶是个很善于与客户沟通的人。当她发现客户与业务代表之间的交谈不顺利时，她便立即找出了能引导客户多说话的话题——客户的双胞胎女儿，进而慢慢消除了客户的心理障碍。如果在业务代表与方先生交谈的不顺利的情况下，柳叶依然坚持谈业务本身，那么，过不了几分钟方先生肯定就会下逐客令的。但是，柳叶抓住时机，巧妙地引入方先生感兴趣的话题与其聊天，这样便很容易地打破了谈话的僵局。在拜访客户的过程中，任何一个过程都不可遗漏，否则就显得有失礼仪。

可见，开场白的设计是否得当，关系到你后面的销售能否顺利进行，必须要慎重对待。这里包括以下几个步骤：

步骤一：称呼对方的姓名

叫出对方的姓名及职称——每个人都愿意、都喜欢自己的名字从别人的嘴里说出来。

步骤二：自我介绍

清晰地说出自己的名字和企业名称以及经营产品。

步骤三：感谢对方的接见

如："非常感谢陈总经理在百忙之中抽出时间与我见面，我一定要把握好这么好的机会。"

步骤四：寒暄

寒暄在销售工作中是必不可少的一部分，根据事前对客户的资料准备，表达对客户的赞美，或者配合客户的状况，选择一些能引起对方兴趣的话题。

2.抓住时机，陈述拜访理由

那么，如何陈述拜访理由呢？对于有预约的情况，我们可以这样表达："××先生，您好。我是某某公司小陈，就是上周去拜访您的那位。"而对于没有预约的情况，我们则可以这样表达："××先生，是这样的，今天我来拜访呢，是因为我从您的好朋友××那里得知，您最近需要购买一批××。他和我们合作很多年了，相信我们的产品，所以让我上门来和您谈谈……"在有了开场白的情况下，客户对这些信息接受起来会更容易得多，也不会有多少逆反情绪。

3.告辞时不忘礼节用语

俗话说：去时要比来时美。只有这样，你才能给客户留下深刻而又美好的印象。拜访结束后，无论是否取得积极的拜访结果，我们都要彬彬有礼。

拜访客户，告辞时与进门时的寒暄同样重要，我们不可忽视告辞时的礼节用语，特别是你在被客户拒绝的情况下，你的表现更能体现你的个人素养。此时，你的举止应该更沉稳，比如一边收拾资料，一边向客户道歉：“对不起，打扰您了！”或“在您方便的时候，我再来拜访您！”等等，然后鞠躬告退。你越是彬彬有礼，越是能让客户感受到你的良好修养，甚至让客户产生内疚的感觉。

的确，我们不可能与拜访的每一位客户达成交易，但应当努力去拜访更多的客户来提高成交的百分比。而要达到这一目的，以上任何一个细节性的话语都必不可少，将这些话说得得体、到位，才会给客户留下良好的印象，从而有助于我们的推销工作！

拜访客户，销售语言不能太露骨

与客户做生意，我们最终要与客户接触，因此，拜访客户的过程就必不可免。但出于要将产品推销出去的根本目的，一些销售员在拜访客户的时候，显得很盲目，见了面不知道该说什么，该怎么样说，只是很简单地介绍下自己，然后就极力向客户推销产品。结果还没开口介绍就被客户拒绝，只得灰溜溜地逃走，销售业绩也不尽如人意。到最后还弄不明白，为什么现在的客户这么难开发？客户关系这么难维护？其实不然，不是客户难搞定，是我们销售员自己的问题，有许多东西你是否注意了？有许多方面你是否做到了？如果能够多去思考，善于复制别人成功的方法，善于行动，善于总结，那么搞定客户也很轻松。

要知道，客户在接受销售员拜访时，他们的压力也是非常大的，他会担心受销售员欺骗，担心买的产品不适合等。这时，最忌讳的方式是硬推产品，因为这样往往使客户压力过大而最后放弃采购。也就是说，我们在拜访客户中，关于销售的话术不可太露骨。

原一平是日本著名的保险推销员。

有一次，他前去拜访一位客户。之前，他曾了解到此人性格内向，脾气古怪。见面后果真如此，有时他们谈得正欢，他却突然烦躁起来。他还清楚地记得那次他们谈话的情景。

“你好，我是原一平。”

“哦，对不起，我不需要投保。我向来讨厌保险。”

“能告诉我为什么吗？”他微笑着说。

“讨厌是不需要理由的！”他显得有些不耐烦。

“听朋友说你在这个行业做得很成功，真羡慕你，如果我能在我的行业也能做得像你一样好，那真是一件很棒的事。”原一平在说这些话的时候，语气温和，而且还是一脸的微笑。

听原一平这么一说，那人的态度略有好转：“我一向是讨厌保险推销员的，可是今天我却不忍拒绝与你交谈。好吧，你就说说你的保险吧……”

显而易见，在接下来的交谈中，他们谈到他们感兴趣的话题，彼此都兴奋地大笑起来。最后，这位客户愉快地在单上签上了他的大名并与原一平握手道别。

原一平成功的推销经验告诉我们，我们在开发客户过程中，不管对方是什么态度，要以良好的销售语气与之交谈，让对方看到我们良好的职业形象和职业素养。

那么，我们该如何做到循序渐进，不着痕迹地达到我们的拜访目的呢？

1.语言亲切自然，在客户心中建立好感

作为销售员，怎样将产品销售出去是首要问题，但要把产品销售出去的前提是，我们要成功取得准客户对我们的信任。销售员是否具有良好的服务意识和习惯，决定了客户的信赖程度和认可度。要知道，信任是成交的根本，所

有的技巧都是对信任的诠释，技巧可以缩短客户对你信任的过程，但是只有“心”才能让客户最终信任你。而这种信任的产生，正是在我们与客户交谈的点点滴滴中，包括我们经常忽略的销售语气。

2.关心客户以及周围的人和事

对于销售员来说，具有良好的亲和力是能够与客户融洽交谈的必然要素。想要在客户心中建立起亲切感，不仅要我们做到语言亲切自然，还要我们做到关心客户的生活。这样才能使客户感到愉快，从而对销售人员产生信任。热情的语言也决定了态度的热忱。

3.把控进程，别占用客户太多时间

客户最讨厌夸夸其谈却又不知所云的销售人员。因此，要问自己每一次的客户拜访是接近了客户一步还是远离了客户一步。如果你自己都没有准备好，客户也感受不到你的用心，不了解你此次拜访的主题，客户为什么要花时间与你会话呢？所以检查一下自己在我们每天的工作内容中有多少是属于这些无意义的拜访。

拜访时，说占用对方几分钟的时间就占用几分钟，尽量不要延长，否则客户不但认为你不守信用，还会觉得你喋喋不休，那么下次你再想约见他恐怕就很难了。当然，如果客户自己愿意延长时间与你交谈那就另当别论了。

总之，一个好的销售员往往善于总结各种讲话艺术的优缺点，取其所长，在销售过程中综合利用。总之，在与潜在客户沟通过程中，要做到准备充分、有勇有谋、多留后路，才能把握整个拜访的进程并运筹帷幄，进而减少急躁、急功近利的情况！

第 04 章

话要巧说，利用各种资源挖掘你的客户群

我们都知道，销售的目的就是把产品卖给客户，所以客户是我们说服和沟通的对象。如果没有客户，我们的销售工作就无从谈起，也就无利润可言。在现实的销售工作中，很多销售员也会为如何找到客户而发愁，而实际上，他们常常忽略了一点，你身边的亲朋好友、同学、客户，有时甚至是陌生人都应该成为你的资源中的一部分。但我们要想学会充分利用这些资源，充分挖掘这些人脉，还必须充分利用我们的口才。在挖掘客源的时候，如果我们能学会巧妙说话，接下来的销售工作也就顺利得多！

慧心魅语，亲戚朋友是生意的扶手棍

可能很多销售人员都曾发出这样的感叹：“客源在哪里，去哪里寻找潜在客户呢？”我们都深知潜在客户对我们销售工作的重要性。如果没有客源，你向谁去销售产品呢？也就说，没有丰富和高质量的潜在客户，成功无从谈起。而实际上，我们可能忽略了身边最有力的人脉资源——亲朋好友。香港企业界流传一句销售格言：“亲戚朋友是生意的扶手棍。”利用私人关系是销售员开发新客户的基本方法，但如何让这些亲朋好友成为我们的客户，还考验到我们的口才。一个会说话的销售员，往往用三言两语就能说服亲朋好友，让他们成为其销售工作的支持者。

小林是一名重型机械销售新人。刚开始工作的几天，小宁为了寻找到客户资源伤透了脑筋。这天下班后，他回到家，满脸倦容的他对母亲说：“我想放弃这项工作了。”

“为什么？出什么事了？怎么上班还没几天就说不干了呢，这可不是你的作风！”母亲提出一连串的质疑。

“做销售最重要的就是有客源，可是我一个新手，去哪里找客源。那些老前辈们会透露一点，但他们一个字都不愿意多跟我说。”

“那你就从别的方面下手啊。对了，你销售的是什么产品？”

“重型机械，比如挖掘机。这产品不是一个钱两个钱，谁买的时候都会再三考虑，所以销售起来也就很困难。”

“我倒想起来有个人可以帮你。”母亲提示道。

“谁呀？”

“你舅舅呀，你忘了他是工程的承包商？肯定认识需要这类机械的人吧！”

“对呀，我怎么没想起来。”

母子二人商量后，就给小林的舅舅打了个电话，并将自己工作中的难处说了出来。巧的是，他舅舅最近正需要几辆挖掘机。后来，小林舅舅还利用自己的人脉关系，为小林介绍了该行业的很多人，很快，小林的生意就火了起来。

案例中，机械销售员小林在从事销售行业之初，因为找不到客户资源而苦恼，但经过母亲的提醒，他很快找到了可以解决问题的方法——从自己的舅舅开始，逐步开发客户资源。这一方法很奏效，小林的生意自此有了新突破。的确，那些聪明的销售员都会走出公司，从身边的亲戚开始做起生意。因为一般情况下，亲戚始终是支持我们的，所以我们起步也就会更轻松。

当然，除了亲戚外，我们还可以挖掘的身边的资源有朋友和同学，为此，我们可以这样寻求他们的帮忙：

1.大胆开口，不要羞于向你的朋友求助

王星和陈龙是很好的朋友兼同事，二人以前在同一家工厂工作。只是后来，陈龙辞职了，干起了保险推销。不过，新工作开始的时候，总是遇到难处，他最近就为客源的事情犯愁。左思右想后，他想到了自己昔日好友王星。

“你怎么突然辞职了，不见你人。这几天你跑哪儿去了吗？”见面后，王星问。

陈龙不说话，从包里往外掏资料的手有些抖。待把资料展开了，才说：“王星，我要告诉你一件重要的事情，你看……”

王星一手拿了资料，说：“什么重要事情？”

陈龙说：“你先听听我说，从现在起，你每月只要为你儿子存上30元，一年也就360元，你的儿子就将会得到一生保障。比如，他15岁的时候，即可得到一份升入中学的奖学金；从18岁开始，一共四年，每年还可得到一份大学奖学金……到22岁的时候，他还可以得到一笔婚嫁金，60岁的时候还有养老金，怎么样？”

“不错，不错。可是，我不明白，你这是要？”

陈龙说：“哦，我忘了跟你说，我现在是中国人寿的推销员。刚才跟你说的就是我们公司的保险产品。怎么样，给儿子办一份吧？”说着，陈龙拿出了投保书。

王星说：“噢，原来是保险，都是骗人的。我不信这玩意儿。”

听了王星的话，陈龙有点急，说：“这怎么是骗人的呢！人寿现在业务做得这么广，足以见其真实性。而且，我们是正儿八经的金融机构，国家金融机构能骗人吗？”

“这倒是，人寿的名声还是很响的。对了，陈龙，你不会让我们跟着你上当吧？”王星还是将信将疑。

“看这是咋说的。你把我看成什么人了？因为这的确是一件好事情，所以我第一个想要告诉的人就是你。相信我没错的。来吧，把你的身份证拿来我看。”陈龙说着把投保书展开到桌面上。

“那好吧。”

案例中，保险推销员陈龙在从事销售行业之初，因为找不到客户资源而苦恼，但聪明的他很快发现了解决问题的方法——从自己的好朋友开始。而且更难能可贵的是，他向自己的朋友推销少儿保险，刚开始并没有说明自己的目的，而是先向对方道明“你只需每年为儿子存上360元，就可以……”等得到对方的认同后，他再提出自己所从事的是保险推销，并告诉对方“这的确是一件好事情，所以我第一个想要告诉的人就是你。”这样说，会让对方认为是在为其考虑，自然会选择购买。

2.同学关系可能是你最庞大的客户群

才短短三年工夫，李锐已经由一名普通的会展公司的业务员变成业务经理。当下属们问到他的工作经验的时候，他说：“你们还记得吗？当初你们总是问我为什么工资不够花，那是因为不是今天这个同学结婚送礼，就是明天那个同学家里需要钱。但正是这些付出，才有今天的成就……我常常和那些销售新手说，与其在外面辛苦地寻找客户，还不如从身边的人开始挖掘。我们可能没有几个朋友，但同学关系是我们不能决定的。只要我们经常和这些同学联系，同学有事主动帮忙，多关心同学，那么，他们一定很乐意为我们的业务提供帮助。”

李锐的一番话是有道理的。我们或许性格内向，没有几个朋友。但从入学开始，我们的同学总是在不断增多。而你发现没，随着时间的推移，很多同学被我们遗忘。你现在正联系的同学还有多少呢？而如果我们能多利用这些同学关系，我们的准客户数量也一定随之递增。但这并不意味着我们向同学推销就一定会成功，还需要我们发挥自己的口才，学会巧说话，将话说到对方的心坎里。

总之，从亲朋好友和同学开始挖掘客户资源，需要我们懂得巧说话，把话说到他们的心坎上，一个令人憎恶的人是很难得到他人帮助的！

巧妙搭讪，让面熟的陌生人为你带来新的销售局面

中国人常说：“多个朋友多条路。”这也已经是无数成功者的切身体验和宝贵心得。一个善于结交朋友、善于累积口碑的人，不仅会处处受欢迎，而且遇难有人帮、办事处处通。毫无疑问，此人在生意场上一定会多几分必胜的把握。同样，营销实践证明，多数准客户资源丰富的营销伙伴是通过广泛利用转介绍这一神奇杠杆，达到准客户用之不尽、取之不竭、源源不断的。那么，朋友从何处来？很简单，任何友谊的得来都经过从相遇到相识再到相知的过程。那些我们每天都会碰到的路人，其实从某种意义上来说，我们已经相识了。那么，何尝不跨出第一步，与之结交呢？有时候，几句简单的搭讪的话，都会为

你带来很好的销售契机。

周末这天，宋晓来到商场，准备为自己添置一双鞋。来到某品牌专柜，她左看右看，也没看到合适的。正准备离去时，她发现，迎面走来的一位女士好面熟，仔细想了想，原来大家都在同一座大楼上班。出于好奇心，宋晓决定看下这位女士会挑什么样的鞋。于是，她假装继续看鞋。

“小姐，你这双高跟鞋打不打折，哪个那么贵？”这位女士一口重庆腔。宋晓一听，原来是老乡，禁不住想过去和她说几句话，但未免显得唐突，只好作罢。

“不好意思，我们这里的鞋子全部正价。”

“可是一般的专卖店也会打个八折，一双鞋子八九百，实在是有点贵撒。”宋晓也用重庆口音加入了对话。听到宋晓的回答，对方似乎很吃惊，但立即表现出很高兴的样子，对宋晓说：“你是重庆哪里的？在北京做什么工作啊？”

“江津的，做化妆品销售工作。对了，您是不是在 x x 大楼上班？我以前好像见过你，还不是一次两次？”

“是撒，我自己开了个保健品公司。”

“相比之下，我就自愧不如了，同样是重庆来的，我还是个销售员呢！”

“没啥子，我当初也是这样一步步走过来的，你还年轻。对了，我们交换一下电话吧，以后有事要找我啊。”

“你不说我差点忘了……”

就这样，宋晓和这位老乡认识了。后来，她们成了很要好的朋友，她还帮宋晓介绍了很多客户，因为关注保健的那些女士通常也很在意自己的皮肤。

案例中，我们发现，销售员宋晓因为机缘巧合，在商场看见了面熟的陌生人。此时，如果是我们可能会擦肩而过，但她却产生了结交的欲望。在发现对方是自己的老乡时，双方之间的距离一下子亲近了很多。于是，她们留下了联系方式，并很快成为好朋友，而这也为宋晓的销售工作带来了很多新的机会。

中国伟大的名著《红楼梦》作者曹雪芹说过："世事洞察皆学问，人情练达即文章。"在某些方面来讲，也说明我们若要做一个优秀的业务员，就要留意身边的每一个机会。有时候在看报纸或与别人闲谈时，或者与别人吃饭时，甚至是他人不经意间的一句话可能就会让我们有所收获，发现目标。对于我们每天遇到的路人，只要我们懂得灵巧地搭讪，才有可能与之结交，甚至成为朋友，继而帮助我们寻找到新的潜在客户。

在电梯里，在公共汽车上，在餐厅里，你有没有尝试着和你身边的人交谈过？无论是做什么生意，你会发现和走近你身边的人进行交谈都是一件非常有趣的事情。如何结识你周围的陌生人，这是专业销售人员必须训练的技巧。

如何有意识地去处理与别人的偶遇呢？

首先，我们承认并不是每次机会都会带来销售业绩，即使如此，我们有什么理由不去尝试而让这个机会溜走呢？

当你碰到一个人，他走进了你的五步范围内，那么，机会就来了。此时，你应该做的就是热情友好地介绍自己，接下来，你就应该问及对方的工作，以及偶遇的原因等。善意的对话使对方积极回应。再接下来，话题会转到对方问及你的工作等，你的任务是将名片递给他们。几乎没有人会异议你的热情和名片，接下来你会发现对方开始问你的工作和你的产品等一系列问题了，你需要的不正是对方的这些问题吗？你微笑着告诉对方："我猜想，可能某一天有为您或者是您的朋友服务的机会，为此事先致谢。"

准确地将这些话语和当时的气氛配合起来。"我猜想"听起来一切都是自发的、自然而然的；"事先致谢"说明你为人礼貌；"有可能"显示一种谦逊的态度；"某一天"使你的产品或服务不至于被搪塞到遥远的将来；"为您服务"把潜在的顾客置于重要的地位，他们觉得自己对你很重要，很可能采取行动帮助你。

通常出现下面三种情况，无论哪个行动都对你有利：

（1）他们同意打电话与你进一步讨论。

（2）同意让你打电话给他们，进一步讨论。

（3）他们不感兴趣，但将帮助你向感兴趣的人推荐。

现在你得到了什么？认识了一个你几乎没有可能认识的人，得到一名潜在的顾客并被推荐给别的潜在顾客。当然，寻找准客户的方式方法多种多样，只要我们认真总结，积极探索，逐步积累，根据客户的实际需要不断改进，我们必能实现业绩的新突破！

入户拜访，接受挑战，考验你的销售口才

可能很多销售人员认为，在各种寻找客户资源的方法中，直接入户拜访是最容易被客户拒绝的方法，因为人们对于陌生销售人员的拜访，往往都因心存戒备而不假思索地拒绝。但实际上，直接拜访客户能帮助你迅速地掌握顾客的状况，效率极高，同时也能磨练销售人员的销售技巧及培养选择潜在顾客的能力。因此，在办公设备、保险业、图书销售等行业，这种方法广泛地被使用。

但我们同时需要注意的是，入户拜访，如果你没有一定的口才，那么，你就会显得过于直接和突兀，也会加重客户的防备心理。而如果我们能在拜访时把话说得自然得体些，则能有效拉近与客户间的距离。

1.独具匠心的开场，吸引客户的注意力

某地毯推销员对顾客说：“您知道吗？您每天只花一毛六分钱就可以使您的卧室铺上地毯。”顾客对此感到惊奇：“什么意思？”

推销员慢慢讲道：“您的卧室是12平方米，而我们公司的地毯每平方米为24.8元，这样需297.6元。我厂地毯可铺用5年，每年365天，这样平均每天的花费只有一角六分钱。”

好奇是人类行为的基本动机之一。人们对于那些自己不知道、不了解或者觉得特别的东西，都会充满好奇心，并有继续了解的欲望。

案例中的推销员很善于制造神秘气氛，以引起对方的好奇。在挑起了客户想知道的欲望后，他们再将产品推荐给客户，这比开门见山地介绍的效果要好得多。

2.注意说话的态度和方式，给客户留下一个好印象

高文是一名经验丰富的销售主管，他传授给手下的销售员们很多销售经验。

一个星期一的早晨，高文正在开例行会议，安排本周的工作计划和布置重点工作。但此时，突然有人敲门，原来是一家文具用品公司的人上门推销。

“对不起，我是某某文化用品公司的……”没等对方说完，一些下属们就不耐烦地说：“你没看见我们正在开会吗？”

对方一看这些开会的人都没有笑脸便悻悻地走了。

高文对这些下属说：“被他这么一打扰，我都不记得我说到哪里了。”心里对这位不速之客更反感了。

接下去，他说：“昨天，我们刚讲到拜访客户的一些相关事宜，你们看，这位小伙子就给大家做了一个反面教材，我们在拜访客户的时候……”

案例中，我们发现，这位不速之客之所以会让这些客户心生反感，主要有以下原因：首先，他选错了拜访的时机，在对方忙碌时拜访，无异于撞在枪口上；其次，他在推门进去之后，就自报家门，开始推销，没有寒暄，没有铺垫，太过直接，对方自然无法接受；再者，在被拒之后，他的态度是悻悻离去，没有具备一个专业的销售人员应有的良好心理素质。

可见，在入户拜访时，销售人员一定要注意自己的说话态度和表达方式，真正打动人的是自然、贴切并带有情感的话。成功的销售员都能做到这一点，因此，他们即使拜访陌生客户，也会显得顺理成章。

3.要谈论客户感兴趣的话题，来突破双方的不协调

某天，某健康推广员来到某小区，根据资料，他准备敲开一位客户的门，开门的是个阿姨。开门时，阿姨手上还在择菜，这位推销员就顺口问：“阿

姨，今儿这芹菜是什么价儿啊？”

“都××元一斤了，又涨价了，一到冬天就这样。你说我这点退休工资，都不够养活我自己了。”

“是啊，我们这些年轻人不爱自己做饭，所以这菜价儿还真不知道，不过自己做饭，比在外面吃健康多了。”

“这倒不假，我也经常跟我儿子媳妇说回家来吃饭，他们不愿意回来，说是耽误时间，但外面吃哪里有家里干净啊……”

“阿姨，这墙上那照片是您儿子吧？看上去真英俊，一定是个知识分子，相信阿姨一定是个教育有方的好妈妈。”

“我儿子在××大学当教授，他从小就爱学习，到现在还是不忘读书，平时都在学校，只是周末才回来……”

就这样，这位推销员和顾客关于教育孩子的问题谈了很长时间。过了会儿，推销员说：

“阿姨，您看，和你聊这么久，我居然忘了今天来这儿的目的了，不知道您还记不记得，上周六在中山公园，您填了一张健康卡？”

“对呀。”“您真是很幸运，几百人中抽中了您，所以您将免费获得一张价值100元的健康检测卡。您好像在卡片上填了您有高血压，我们的仪器也主要是检测心脑血管情况的。常检查，作好预防，不但可以省去很多的治疗费用，也可以给您的儿子省去很多麻烦。您要是有时间的话，这几天就去我们公司看看，检测一下您的身体状况，您看怎么样？”

“嗯，你说得对，我一定要注意健康，不然我儿子在外面工作也不省心啊！我这周末就去。”

案例中，我们发现，这位推销员很懂得见机行事。当他敲开门后，发现开门的是一位择菜的阿姨时，他就从菜价入手，与顾客进行适当寒暄，并随机把话题转到顾客最关心的问题——教育子女上。当与顾客建立一定的感情之后，再谈及销售，客户接受起来也就容易得多。

实践证明，如果销售员能在谈话中激发潜在客户谈话的欲望，那么，对客户开发工作是极为有利的。为此，销售员在谈话过程中要尽量以客户为中心，摆事实讲道理。同时还要善于不断找到新话题，形成一个完整的拜访过程。

可见，作为一名销售员，在寻找客源的过程中，不仅需要胆量，敢于直接登门拜访，更要掌握与客户沟通的技巧。诚然，我们不可能与拜访的每一位客户达成交易，但应当努力去拜访更多的客户来提高成交的百分比。而要达到这一目的，以上任何一个细节性的话语都必不可少，将这些话说得得体到位，才会给客户留下良好的印象，从而有助于我们的推销工作！

口碑营销，蜜语甜言让老客户为你介绍新客户

聪明的销售员所作的工作绝非仅限于推销自己的产品，他同时还是一个善于经营人际关系的交际红人。他们更有能力将客户变成自己的兼职推销员。其实，任何销售员都希望老客户为自己介绍新客户，因为这样一方面可以节省自己开发客户的时间和成本，另一方面由于老客户的介绍会对产品起到一个信誉保证作用，所以他们介绍的客户成交率更高。

一般来说，如果老客户对销售员没有十足的信任，对产品没有高度的认可，他是不会主动给销售员介绍新客户的。作为销售员，要学会掌握一定的能力和技巧，赢得老客户的信任和好感，争取让老客户为你介绍新客户。

客户：“好的，我们决定了，就购买这个型号的机器。”

销售员：“太好了！非常感谢您成为我的客户。我们将尽最大的努力为您办理后续事宜，我敢保证，您对我们的服务肯定会感到非常满意的。但是，现在我还要请您帮我做一件事，您想一想，您身边还有什么人可以购买我们的产品吗？当然，我们的价格同样会很优惠，服务也会很完美。等过一段时间我对这台机器做回访的时候，我会再次和您联系，向您了解这一问题。不过，在您

为我介绍新客户之前，我倒想为您介绍一个客户，您觉得我的建议如何？”

从这一案例中，我们可以看出，在刚刚成交时，销售员最好不要要求客户为你提供新的客户信息，而要重点向客户讲述你成交后将采取什么售后服务措施，使客户满意并获得信任。这样，自然而然地客户就会向你介绍新客户。

那么，销售员在让客户为你介绍新客户时，应该注意哪些问题呢？

1.争取和客户做朋友，拓展人脉

销售员除了工作中与客户必要的交往之外，还要尽可能多地与客户进行其他沟通联系或者社交活动。成功的销售员并不仅仅是在卖产品，还是在交朋友，销售对于他们来说，并非什么难事。利用老客户资源，做起生意来简便得多。例如，周末约客户一起去钓鱼、一起打打高尔夫、一起看展览，或者参加其他任何非严格商务意义的活动。如果你经常与客户保持这种联系，那说明你与他的关系已经是朋友了。久而久之，他自然而然地会将自己的朋友介绍给你。

2.服务至上

要想让你的老客户成为你的兼职销售员，你对他提供的服务就丝毫不能含糊。长此以往的优质服务才能换来一个稳定的老客户资源。有时候，一个完全陌生的客户主动与你联系，是因为一个老客户向他赞扬你和推荐你的缘故，这是最好的新客户推荐方式，这表明你获得了老客户的极大信任，以至于他自愿成为了你的销售代表。在老客户自愿宣传推荐你的情况下，销售员成功销售的难度远远小于其他销售情况，因为你的老客户已经替你做了大量前期工作，大大节省了你的时间和精力，你需要再做的就是一种关系的维护和发展。

3.多关心客户

所谓的超值服务，指的是销售员可以尽可能地为客户提供一些额外服务，当然前提是不损失自己和公司的利益。比如，有空可以给客户打打电话，慰问一下或者询问一下产品的使用状况以及产品的使用指导，还可以在逢年过节的时候送上一些小礼品，关心一下客户，但不要每次一开口就谈交易等商业问题，这会让人很反感。你的关心会让他感到温暖，让他觉得你是在很用心地跟他在做生意，这样他才会信任你，甚至跟你说一些自己的烦恼。

4.给客户一些好处

给客户一些好处，是最实实在在的能拉拢老客户的方法。毕竟，人们很多时候，更愿意相信那些具体的利益。

5.时机很重要

很多销售员在实现成交后，觉得客户还比较友善，此时的时机不能错过，应该借机向客户提出介绍新客户的要求。其实，这种想法是不正确的。客户购买你的产品，对你表示友好，并不代表他已经信任你。事实上，他只是承担了可能购买带来的各种风险，而他不会把这种风险带给周围的人，除非他在试用过后，体验到了产品的好处。客户是否给你介绍新的客户，不仅要看平时接触过程中你给他留下的印象，还要看你提出为自己介绍新客户的时机是否正确。那么在哪些时机提出才最合适呢？准确地说，是要在客户已经信任销售员的时候最合适。

如果你自己本人以及你的公司已经在客户那里得到了认可和信任，那么你在请求客户帮忙介绍其他客户时，最好的办法是要求客户为你的产品和服务作证。告诉客户，你或者公司希望他能够把自己购买意见和认识告诉潜在客户。如果客户同意，销售员接着提出以下问题：

如果你与客户相处得非常好，客户会认真对待你提出的问题，而你要做的就是认真倾听，并把有价值的信息记录下来，进一步完善自己的客户资料。如果客户对于你提出的问题正面的多于负面的，此时你就微笑地对客户说：“我们的产品和服务既然都不错，那么，你周围的人有没有需要的呢？”多数情况下，客户会哈哈一笑，然后为销售员介绍他周围的几个朋友。当然，如果客户毫无回应，或者反而对你抱怨起来，那么你就要想到现在还不是客户为你介绍新客户的时机。

当然，如果你的产品和服务都非常优秀，价格也合理，有时不用你要求，客户也会介绍他身边的人找到你，这就是所谓的口碑营销。

虽然对待不同的客户有不同的方法，但有一点是不变的，那就是必须处理好与客户的关系，与他们交朋友，得到他们的信任，甚至欣赏。只有这样，才有可能通过他们找到新客户。

第 05 章

会打电话，让客户在电话里就接受你

现代社会，随着通信技术的发展，电话已经普及，而这也为销售员的工作带来了便捷，电话销售应运而生，但成功地打给客户电话需要掌握一定技巧。可能很多营销人员在给客户打电话的时候，吃了闭门羹，实际上，客户并不是对电话销售这种模式反感，而是对拨打电话的人的不满。同样的产品由不同的销售员推销，都会起到不同的效果。这里，销售人员的能力起着举足轻重的作用。如果电话销售人员掌握娴熟的销售技巧，一样能让客户接受，从而促成销售。

略施小计，绕过电话沟通的障碍

销售员在正式与客户成交之前，出于生意上的往来，很多时候需要和客户通过电话联系，但挡在销售员和客户之间的还有来自接线员或秘书的询问和盘查，要想直接和客户通话并非易事，销售员要想把电话打进决策层，和客户顺利沟通，就必须绕过这些障碍。

销售员：“您好，请帮我找一下老陈。”

秘书：“请问您是哪位，您有预约吗？”

销售员：“我是王林，我有私人问题要找老陈，帮我转接一下。”

秘书：“请问是什么事，我帮您及时转告。”

销售员：“如果您能解决老陈的私人问题我就告诉您，否则请帮我转接老陈。”

情景中，我们可以看出，作为接线员，一般都不敢直接过问上级领导的私人问题，更不敢得罪领导的熟人。而作为销售员，就可以利用接线人员的这一心理，用熟人的口吻、以私事为名要求接线员转接电话，接线员一般不敢阻拦。

那么，电话沟通中，为什么要绕过电话沟通的障碍呢？因为真正能决策是否购买、能承担购买责任的是对方的负责人，只有找到负责人，也才算是沟通的开始。在电话沟通中，尤其是初次沟通，找到你“真正的客户”才是关键。但很多时候，在找到他们之前，接通电话的往往是秘书或者接线员，当我们一提到“销售”，接线员就会习惯性地挂断电话，给我们的销售工作带来麻烦，但是如果我们略施小计的话，就可能顺利跨过障碍。

那么，销售人员究竟该如何去顺利突破这些障碍呢？

1.自报家门

虽说自报家门，也要讲究一定的方法，销售员不妨用一些经典的话术开头，这样就可以显示出自己的专业素质和身份地位等，用充足的信心为自己和产品做好宣传，可信度也有了提升。比如，你可以这样说："您好！我是A公司的珠宝设计师，针对我们两家公司合作的事宜，我希望能直接同李总商谈，请帮我转接一下。"

2.过好"参谋"这一关

在很多企业，秘书的作用绝对不可小看，他们就是决策者和外界接触的直接"关卡"，而且，很多时候，他们充当的是决策者参谋的作用。作为销售员，如果想和决策者顺利通话的话，就绝不能得罪这些参谋。事实上，某些决策者更加容易说话，反而是级别较低的参谋非常难缠。要想过好参谋这一关，销售员必须学会与他们沟通。在电话接通的时候，销售员一定要给足秘书面子，最重要的是尊重他们，不要因为秘书不是决策者而敷衍了事，要学会礼貌的寒暄、速度不紧不慢、结构的条理性等，不可语气不可一世。

3.巧妙回电话

"刚才我的手机接到了一个电话，可能是你们王总打给我的，能帮我转一下吗？"也许你的手机从来没有接到过电话，但接线员不敢担待，只能帮你把电话接进去。这个方法特别巧妙，用这种方法打给许多企业的总裁秘书，她们一般都防不胜防。因为她们的确无法判断你讲的这句话是虚假的，还是真实的。当然，这种方法不是百试百灵，因为有些负责任的秘书可能会去追寻负责人的电话是否真的有电话打进来。

4.妙用私事法

和情景中的销售员一样，以负责人朋友的身份或者以私事的缘由打电话，接线员一般不敢擅作主张挂断电话。"我找××先生。"销售员这样直接称呼负责人的名字，接线人就会认为，可能××先生是你的好朋友，自然也就不敢过多为难。或许，你根本不认识负责人，只是知道该公司的电话等资料，但接线员就会认为，你们是老朋友、老同事、老关系、老业务等关系。

5.“死缠烂打”法

这是一种职业现象，无论哪个行业，似乎秘书总是女性，而女性基本上也有一个特点，易感情用事、心软。只要销售员坚持给秘书打电话，晓之以情，动之以理，随着电话次数的增多，和秘书关系越来越熟，她便会被你打动，为你转接电话，甚至为你以后的销售工作带来很多益处。

6.赞美法

每个人都长着爱听赞美语言的耳朵，真诚地赞美别人会拓宽我们的路，销售中也是如此，学会赞美让我们赢得支持者。可能有些销售员会认为，购买我们产品的是对方的决策人，但在预约客户的时候，只有同接线人搞好关系才有可能成功与决策人沟通。有时候，我们不妨和接线人套套近乎，赞美一番，以此来获得对方好感。比如： 销售员：“你是我见过的最训练有素的接线员了，你的普通话说得很好，声音更好听，一些播音员也没有你这么有水平呢。”

很多公司因为一些推销电话造成了工作中的不便，对销售员自然有一些条件性的防备，而对销售员来说，电话预约客户也就有了一定的难度，要找到真正的决策者并不是一件容易的事，但是只要用心就一定能找到那个最关键的人物。

巧妙引导，让客户收回“没时间”的借口

现代社会，随着通信技术的发展，销售的渠道相对增加了不少，其中就包括电话销售。然而，面对陌生人的推销，客户总是有这样那样的借口拒绝，我们经常听到客户说“忙”“没时间”。其实，客户并不一定是真的忙，聪明的

销售员会识破客户的借口，并采取一些措施，巧妙引导，从而让客户逐渐接受我们预约或推销的产品。

林旭在一家公关公司担任市场专员，主要负责市场推广。工作中，客户经常以没时间为由拒绝和他交谈，这个难题，他一般在电话中就予以解决了。

一次，他的朋友告诉他A时装公司要办一场下一季的时装秀。林旭心想，这家公司是时装界的新秀，拿下这家公司的长期合作关系，会对公司效益有很大帮助，自己也多了一个稳定的客源。于是，他赶紧搜索了该公司的很多相关资料，然后设计了几种交谈方式，最终，他拨通了该公司负责人的电话。

林旭：“周总您好！”

客户：“你好！你是哪位？”

林旭：“我是A公关公司的市场专员林旭，您有听过我们公司吗？”

客户：“……好像听过，但也不是很清楚，你找我有什么事？”

林旭立刻道：“我听说贵公司马上要办一场下一季的时装秀，是不是？”

客户：“嗯，是有这方面的打算，你们消息还真是快啊。”

林旭：“周总还真是幽默，可能您知道，我们公司在公关界还是很有地位的，另外，我们有很优秀的策划团队，在活动的策划方面有着相当丰富的经验，能帮助贵公司做到最好的宣传效果，您看您这两天什么时候有时间，我们面谈一次好吗？”

客户：“真对不住，这些天太忙，没时间啊，秘书已经把我些天的行程安排得满满的了!”

林旭：“没关系，您日理万机，肯定很忙。公关活动最重要的是品牌效应，我们公司在公关界还是有一定声誉的，也成功策划过很多公关活动，贵公司规模这么大，肯定少不了公关活动。我们彼此认识一下是没有坏处的，而且，您尽可放心，我不会耽误您太多的宝贵时间，借我十分钟就够了。您看，明后天，您哪天能抽出点空闲的时间呢？”

客户：“呵呵！你还真会说话，那就后天吧。”

林旭：“您过奖了，请问具体是什么时间呢？”

客户：“上午九点吧。”

林旭：“好的，那我们就后天上午9点见！祝您工作顺心，周总再见！”

客户：“谢谢，再见！”

细心的林旭在挂完电话后，为了让周总加深印象和敲定面谈的事，他给周总发了一条短信：“周总您好！非常感谢您能在百忙之中接听我的电话，祝您工作顺利，心情愉快！顺便确认一下您的地址是××大厦17楼1701室，见面的时间是后天上午9点。××公关公司市场专员林旭敬上！”

这段销售情景中，市场专员林旭之所以能敲定和周总面谈的事，就是因为他善于运用连环发问的技巧，即使客户说没时间，他也能让客户收回这一借口。那么，我们不妨回味一下，林旭是怎样使用这一技巧的。首先，他设计了一个很好的开场，一句“周总您好”运用得恰到好处，避免了客户的反感。然后，他又设计了一个与众不同的自我介绍，即先介绍自己所在的公司，以公司为背景无疑给自己的身份镀了一层金，客户自然也愿意与一个可信的销售员交谈。同时，这种介绍方式也是谦虚的表现，稍微细心的客户都会对你留下良好的印象。最后，他留的一条善后短信，也加深了客户的印象。

那么，除了上面案例中销售员使用的连环发问法之外，我们还应该如何让客户收回“没时间”的借口呢？

1.时间确认法：妙用“5分钟”争取机会

“我现在很忙，请你改天打过来吧！”推销员小刘就这么被客户拒绝了，但小刘很聪明，“看您工作这么繁忙，打扰您还真是不好意思呢。这样吧，就5分钟，请您抽出5分钟听我说几句话，好不好？”听小刘这么一说，客户就答应了。

小刘的聪明之处就在于抓住了客户珍惜时间的心理，一般而言，客户说“很忙”这只不过是一种借口罢了，但同时客户更希望自己的宝贵时间不被占用。真正忙碌的客户，如果你事先和他约好“5分钟”，他也可能愿意抽出这几分钟时间听你说明。否则，“这个人不知道要跟我啰唆多久”的心理，将使得他犹豫不决。

2.设置选项法：让客户自己做选择题

很多销售员，在遇到客户说忙的情况下，就显得束手无策。对此，我们可以这样让客户自己选择，“明后天哪天有空”“具体时间是几点”，这是一种思维设置方法，这样，无论客户怎样选择，都是在接受面谈的前提下，而这对于销售员来说，只要客户开口回答，你就已经成功了，剩下的只是确认工作。

总之，销售员要明白，所谓的“忙”，只不过是客户的托辞，你要做的就是识破并让客户主动收回这一借口，然后进一步确认具体面谈的时间。让客户明白，你能给他带来好处，从而激发他的兴趣，这样，你的推销工作也就成功了一半了。

别在电话里就让客户说出“太贵了”

营销过程中，电话为我们起了不少辅助作用，其中就包括预约客户。也只有成功约到客户，才能开始销售活动，而我们发现，销售还未开始，客户就已经十分关心产品的价格问题。在客户提及此事时，无论我们如何应付，都不能让客户在电话里就说出“太贵了”这三个字，否则整个销售活动会因客户对价格的不满而导致失败。

1.掌握报价原则，留有一定的商讨空间

小李是一名诚实、厚道的电脑推销员，公司给他的产品底价是3200元。这天，他打听到某公司老总要为员工们更换一批新电脑，于是，他拨通了对方的电话。

……

客户：“那么，你介绍的这款电脑怎么卖？”

销售员：“您如果要，我给您便宜点，每套就3300元。”

客户：“台式电脑还这么贵！3000元行吗？”

销售员：“不行，我看你好像是要买好几十台，已经是以最低价给你了。”

客户：“是啊，我一下子就要20台，你再给便宜点。”

销售员：“您要的再多也是这个价，真的不能再少了。”

客户：“也不让点价，你们要不要做生意啊？”

销售员：“那就给你3200元。”

客户：“就3000元。”

……

这桩生意的结果可想而知。因为这位销售员刚开始报价就不合理，一开始便将价格报得太低，那么，价格谈判的主动权就被客户占据了，销售是很难成功的。如果他把价格定在3500元或是3800元，那么，他就会有许多谈判的空间。也许这名销售员只是想以较低的价格快速交易，但却适得其反。

关于报价是销售人员不得不面对的问题。在很多行业中，价格是公司明确制定的，给予销售人员的权限也是一定的。那么，当电话约见的客户问到价格时，销售人员该怎样从市场的定位来报价呢？

2.学会用“公司规定”这几个字

当销售员被问及价格的时候，销售员要学会把这个责任推到负责产品或解决方案的大客户或顾问销售的身上，要向客户申明“这是公司的规定”，这样才会尽可能地避免利润损失的风险。

3.让客户尝尝有限的甜头

目前，在很多企业中，为了吸引顾客都实行了免费或者大减价活动。但作为客户，也总是有这样的心理，价格低甚至免费的产品，在质量和功能上肯定会有缺陷。对此，销售员在电话预约的时候，一定要明白客户的这一心理，不妨把这种甜头实行一定的限制，一定要说明或塑造产品的价值，别让客户认为你的服务价值为零。比如，你可以向客户说明，虽然是大减价，但是是限量提供或限期使用的，或者要告诉客户有免费和收费的两种版本，免费的是提供体验，通过体验让客户先了解到价值，然后在免费期即将到期时，再根据客户的使用频率询问其是否愿意为继续使用付费。

4.报价时要留一定的空间

一般销售人员在电话中报价的时候，要注意的有以下几点：

（1）多强调产品的价值和良好的服务，以此来转移客户的注意力。

（2）报价的时候要给自己留一定的空间，别自断后路。销售员在报价时，一定要灵活，根据客户具体的购买情况而定，如果客户购买数量较多，在允许的范围内，你可以适当的给客户一定的价格优惠。而对于那些对产品价格很在意的客户，你不妨先重点推荐一款有价格优势的产品，特别是正在做活动促销的产品，其价格比较有诱惑力，先满足客户的通常性需求，先让他对我们信任起来。

但销售员一定要注意，这些价格范围需要仔细考虑，一般要比公司规定的统一报价要低，比公司规定的底线要高。如果你知道竞争对手的价格，那最好与其相当。这样客户觉得你们企业对其有诚意，当然价格也合理，合理的利润才是保证优质服务的前提，不可盲目低价。

（3）不要给客户过多空间。首先，在降价次数上，不要超过两次，不然客户会以为你本来的报价都有问题，尤其是那些对产品本身价格不了解的客户会以为自己被骗，然后强行要求降价。你不妨告诉客户：“我们注重的是产品的售后服务，这价格已经是最低的了。”客户自会理解。

其次，增加产品的附加值。销售员可以给客户送些小礼品，既满足一些客户贪小便宜的心理，也能让客户感觉到这已经是底线了，你这是在帮他争取最后的利益，晓之以情，客户也就能体谅了。

妙用激将法让客户在电话中就答应约见事宜

销售员想在第一次电话联系客户中成功约访是非常困难的，有的甚至想让客户完整地听完介绍都很困难。即使对方确实存在产品需求，他们仍然会习惯性地拒绝，无论销售员怎样设法吸引客户的注意力，他们似乎都不为所动。于是，为了摆脱销售人员就敷衍了事，这种情况下，销售工作该怎样让客户说话算数，让销售活动进行下去呢？

小强是一家打印机销售公司的销售员，他有一个固执的客户——成经理。尽管他们办公室的打印机已经非常老旧，几近淘汰了，成经理也几次敷衍说要更换，可都是打马虎眼，仍然不打算更换。小强多次和他电话联系，每次联系他都针对那台老旧的打印机大做文章，试图促使对方尽快购买，但是每次都无济于事。有一次，小强想出了一个招儿，他决定刺激一下客户的骄傲，打破客户的固有思维。

在拨通电话后，小强感慨道："我上次去过贵公司，看见了你那T型福特，T型的啊！"他的声音不大不小，清清楚楚地传到了成经理的耳朵里。

"T型是什么意思？"成经理有点尴尬。

"没什么，T型福特是曾经一款非常流行的汽车，但是现在它只是一个怪物。"小强说。

成经理很尴尬，之后，在同小强的交谈当中他一度陷入沉思，他也感到自己敷衍了小强好长一段时间了。最后，当小强挂电话前，他主动提出要周末和小强谈谈，让小强把激光打印机的资料带上。

和案例中的小强一样，很多销售员都遇到类似情况，有些客户，即使软磨硬泡，多次打电话，他表面上虽说答应见面，但总是找理由推脱，迟迟不愿付诸行动。但销售员小强是聪明的，他巧施激将法，在电话中就轻松搞定了客户。在电话预约客户时，销售员可和小强一样，当常规方法劝说客户面谈时，不妨可以用激将法，给客户施加一定的压力，让客户尽快做出决定，把口头上的承诺变成实际行动。但这一方法的前提是，销售员必须对客户有一定的了解，比如他的购买状况和需求等。

那么，什么是激将法呢？激将法是相对于常规的劝说方法而言的，它是一种通过抓住客户害怕失去的心理，然后刺激客户心理失衡的方法。销售员要让客户明白，错过这次见面机会，他将会有一定的损失。一般情况下，权衡之后的客户都会被打动，答应面谈。这一方法一般适用于那些迟迟不愿面谈，口头答应却敷衍了事的客户。销售员不能被动地等待客户的消息，而应该主动出击，一举将客户拿下，保证预约工作的顺利进行，为接下来的销售工作打好基础。那么，销售员在电话预约客户的过程中，该怎么样用激将法使得客户言而有信，成功面谈并达成交易呢？激将法传递的是以下两种信息：

1.既得利益又受到威胁

当今社会，无论哪个行业，竞争日益激烈，为了达到竞争的优势地位，很多企业或商家都在随时关注身边是否存在安全隐患或者潜在的威胁。聪明的销售员不妨就利用客户的这一心理，在电话预约客户的时候，你可以分析给客户看并刺激他们，即他们的既得利益又受到威胁，这种威胁不可不防，而这种威胁只有我能帮你预防。这样客户就会接受我们，最终答应同我们面谈，并顺利成交。比如：

销售员：“郭总，您经营这么大的娱乐城，一定很不容易。其实，娱乐城是安全隐患最严重的地方，鱼龙混杂，肯定免不了出现一些打架斗殴的事件，公司多少也受到了一些利益上的损失。所以，我建议您了解一下我们针对这种情况的保险业务，您看，您是明晚还是后天晚上有空，我去和您详谈一下？”

再比如：

销售员：“张先生，我最近做了一个市场调查，c公司的产品最近在市场上的占有率已经提升了百分之二十，规模可是在您之上了啊。当初，它只不过是您旗下的一个子公司，可您知道吗，他们的优势在哪？他们的运输方式是国内最先进的，而这种运输方式，正是我们提供的……”

当然，这些只是企业或者个人的利益受到威胁的情况，销售员还可以从一些附加值利益，比如企业形象上刺激客户。但在刺激客户之前，销售员一定要清楚地了解客户的相关情况，否则很容易因为涉入不精而陷入僵局。

2.产生损失

没有人会眼睁睁地看着自己蒙受损失而不为所动。销售员要让客户明白，轻易拒绝会让他产生巨大的损失。这时候，客户一般会在内心权衡，他们宁愿不获取某种利益也不愿失去现有利益，这样他们便会因为担心而采纳意见，以摆脱内心的不安和忧虑。为了避免这种损失，他们一般会采纳销售员的建议，比如：

销售员："刘经理，说实话，我很了解贵公司产品需要的设备，你们采用的是传统工艺，需要的是一些经典的老设备。而这批货是我们厂最后一批甲等经典设备，我们现在生产的所有设备都采用了新的工艺和技术，像这样经典的老设备可就是最后一批了，而且价格如此优惠，如果贵厂不加快行动，指不定哪个厂家就买去了。您看，你这周是周四还是周五晚上有空，我们面谈一下吧。"

总之，销售员要审时度势，巧妙运用激将法。当客户拒绝和你沟通、试图挂电话的时候，我们应该自信地告诉客户：如果你不了解这些信息，你将面临巨大的问题或损失；如果你不接受我的意见，你将落后于你的竞争对手。通过这样的暗示，让客户产生强烈的好奇心和兴趣，从而主动了解我们的业务和产品。

谨慎言辞，电话里有些话是禁忌

销售行业就是靠嘴吃饭，有些销售员业绩平平，不是因为不努力，而是因为不会说话；相反，有些销售员，轻而易举地完成销售工作是因为会说话。

同样，在电话预约客户的过程中也是如此，连接客户与销售员的只是一根电话线，如何让客户喜笑颜开，更考验了销售员的口才。但销售员在表现自己口才时，千万要记住，不能口无遮拦，不该说的别说，因为一旦触及客户的禁区，就意味着你的预约乃至整个销售任务的失败。

王洪是一名刚毕业的大学生，因为公司正缺人手，于是赶鸭子上架，他就被公司安排到汽车销售的一线，成为了一名汽车销售员。有一次，前辈介绍给他一个潜在客户，让他打电话预约一下，公司正有一批库存的车急需处理。

他还没开口问客户要不要买车，客户倒给他出了一个难题："我这手上还有一辆旧车呢，真不知道怎么处理。要不，你帮我卖了吧。"

王洪一下子不知大怎么接下面的话了。他想："一辆破车还能值几个钱？搞不好那辆车轮胎已经磨损得不像样了，发动机工作时的杂音也很大，车里的气味也许很难闻。哪儿能卖得出去啊！要不问一下这车是什么时候买的，多少年了吧。"可是他又一想，因为这是客户的车，客户可能很喜爱这，毕竟开了这么多年，多少会有点感情。即便不喜欢，也只有客户有资格来批评这辆车。如果自己先开口说这辆汽车如何如何的糟糕，这无疑是在侮辱汽车的主人，不知不觉中已经伤害了客户的自尊心。这样一来，还能向客户销售吗？

想想这些，王洪对那位客户说："不管怎么样，这车都陪您那么多年了，您何必把自己的一个老朋友卖了呢，如果它的性能已经有些问题了，你可以再买一辆车，权当是它的接班人吧。"

客户一听，这小伙子说话太中听了，是个会从别人角度想的人，就主动要了王洪的手机号。

很多时候，电话预约是销售活动的前期工作。在这个时期，只有与客户相处愉快，成功约到客户，才有可能完成销售任务。销售员王洪的聪明之处就是从客户的角度去想问题，然后把不该说的话咽了回去。实话不实说并不是要销售人员不讲实话，并不是要销售人员以次充好去欺骗客户，它只限于销售商品以外的东西，对于产品的优缺点销售人员必须实话实说。

销售员要记住，预约客户的时候，有以下几种话是不能说的：

1.有攻击意味的激烈言辞

电话预约客户，全看销售员在电话中与客户沟通的效果。有些销售员因为工作、生活中的一些问题，在拨通电话的时候带有情绪，或者生活中本身就语言犀利，于是客户就被销售员当成了语言攻击的对象。其实，当销售员以这种状态开口时，整个预约乃至整个销售任务就宣告失败，因为客户是上帝，无论何时客户总是对的，尊重客户更是销售工作的前提。

2.个人隐私性问题

某些销售员认为，要想和客户搞好关系，不妨深入客户的生活，于是，开口就大谈一些隐私问题。其实，每个人都有不愿被他人揭晓和触及的地方，当销售员追着客户一些私密问题不放的时候，自然会引起客户的反感，而且当电话预约客户时，销售员更要做的是把握客户的需求，这才是销售员的本职工作。

3.粗鄙的语言

精炼、专业是每个销售员最基本的语言要求，同时要注意说话场合，在生活中可以随意一些，但在与客户沟通尤其是电话预约客户的时候，一定要表现自己的良好素质，切不可出口成脏、污言秽语。毕竟，语言代表的是一个人的素养和形象问题，尤其是销售员，你的形象是和产品挂钩的。

在电话预约客户中有很多禁忌问题，一旦触犯这些禁忌，你失败的可能性将大大增加。而这正是许多销售人员的通病，尤其是刚从事销售这一行的，有时讲话不经过大脑，脱口而出伤了客户，自己还不觉得。虽然销售人员是无心地问了一些问题，但客户听起来，就感觉不太舒服了。人人都喜欢听好话，人人都希望得到别人的肯定，有一句话是这样的："赞美与鼓励让白痴变天才，批评与抱怨让天才变白痴。"销售人员每天都要与人打交道，更应注意这方面的问题。

第 06 章

产品介绍打动客户，让他爱上产品

销售过程中，介绍产品是一个必不可少的环节，而销售员如何介绍自己的产品直接关系到客户的最终抉择。对此，我们要明白，任何一件产品只有在充分展现其卖点并与客户的需求结合起来的时候，才能真正打动客户。为此，我们销售人员一定要熟悉、了解产品的相关知识，掌握介绍产品的方法，以专业、精练的语言向客户诉说产品的卖点，让客户产生强烈的购买愿望。只有这样，才有可能说服客户做出购买的决定。

用专业买家的眼光为客户解读产品

我们都知道，向客户介绍、展示产品是销售中的必经阶段，也是让客户拿主意的关键阶段。销售员在介绍产品的过程中语言表达能力如何，也直接关系到客户的最终抉择。任何一个客户都希望与一个专业素质高的推销员合作，因为专业才能提供更多的保障。

因此，每个销售人员都要从专业角度为客户介绍产品，并将产品的优越性以最吸引人的方式或语句展示给顾客。可以说，业务素质应该是销售人员的基本素质。

销售员小江从客户那里回来后，愤愤不平，向同事小刘诉苦。

小江："刚才那个客户真是烦人，他什么都不懂，还非要冒充是行家，说我卖的电脑这里不好，那里不好。还说他们家那台老式的电脑是目前市场上卖得最火的，我看至少有三四年的时间了，你说好笑不好笑。"

小刘："那你怎么说服他的呢？"

小张："说服他？我刚开始和他讲解现在的市场行情他不听，后来我生气了，和他大辩了一通，使出我浑身的解数。结果他一句话都说不出来了，哈哈。"

小刘："那他有没有买你的电脑呢？"

小张："……"

小秋来现在的投资公司担任市场推广员已经有一段时间了，可她似乎还是和刚来的时候一样，业务似乎没什么进展，她自已也不知道问题出在什么地方。于是，公司为她找了一位前辈，指导她的工作。

这天，小秋和前辈蔡经理一起来到某公司。

小秋开始进行自己推销工作："陈先生吗？你好！您现在有时间吗？很不好意思打扰你。我姓张，是 X X 投资公司的业务推广代表，我想向你介绍……"

而这位陈先生直率地说："对不起。我正忙，对此不感兴趣。"说着就告诉秘书："送客。"

小秋只好离开。就这样，连续拜访了几家公司，都是这样的结果。

在小秋连续受到打击之后，这位前辈开始问小秋："小秋，你知道为什么客户总是在你说了几句话之后便不加思索地拒绝你吗？"

小秋想，现在的客户难搞定是一件公认的事，我搞不定客户，也没什么出奇。

蔡经理见她不吱声，便解释起来。

"首先，你应该说明来意，而不是直接问对方有没有时间。哪位客户会说自己现在很闲？另外，你发现没，你在正式介绍产品前的表达是'我想向您介绍……'这样说，一点也不专业，也显得自己很没信心。总结起来，你在和客户沟通的时候，虽然说得话很多，但没切中要害，显得毫无章法。"

案例中，这位前辈的话是有道理的。向客户介绍产品的语言一定要专业，不能显得冗杂、没自信。否则，客户是不会取信于你的。

如果我们在展示介绍的过程中，语言过于冗杂，势必会让客户没有耐心进行信息的筛选。因此，销售人员向客户介绍产品，一定要以最专业、精练的话，使自己的营销活动尽可能高质量、高效率地展开。为此，你需要记住以下几点原则：

1.专业解答，展现自信心

商场里出现了这样一幕。

"小姐，这台空调为什么比那一台贵那么多？"一位家庭主妇问道。

“因为这台比另一台要好一些。”售货员小姐答道。

“这个我清楚，可是我想知道的是，究竟好在哪里。它有什么突出的优点，要值那么多的钱？”顾客不依不饶。

“嗯，这个我不清楚，我只是负责卖的。”

这位小姐虽然只是一个商场售货员，但要想成功的卖出产品，还需要一些业务素质。很明显，她做得不够。

因此，销售人员在进行推销之前，一定要对产品的基本特征有充分了解，比如：产品的名称、产品的技术含量、 产品的物理特性等。另外，销售人员还要重点说明产品的效用，因为客户最关心的永远是产品能给自己带来什么好处和利益。关于这一点，销售员必须要予以重点说明。

2.凝练专业精练的语言

简洁，就是力求话语简练，不能啰唆重复，不要说多余的话，它反映了量的要求；明晰，就是要把意思表达清楚，使对方准确理解其含义，它含有效果方面的要求。简洁明晰的语言表达，就是以最少的语言传递最多的信息，突出重点地宣传、销售产品，这需要销售人员对产品相当熟悉，并且有良好的语言表达能力。

简洁明晰地表达出自己的观点是一个优秀的销售人员必须具备的素质，也是一个销售人员职业形象的重要部分。销售人员应尽可能地用最清晰、简明的语言使客户获得想要知道的相关信息，因此锻炼和培养良好的语言组织和表达能力对一个销售人员来说至关重要。

3.借助权威和数字，赢得客户的信任

不得不承认，在销售员介绍产品时，客户都是心存疑虑的。他们为了证明自己选择的正确性，减少购买的风险，会向销售员提出各种问题，此时，我们专业的销售语言就能派上用场。

销售人员必须让自己成为最熟悉产品的人，也就是产品的专家，只有这样，才能应付关于产品的任何问题，正如人们说的：“如果说，销售95%靠的是热情，那剩下的 5 %靠的就是产品知识。”同时，只有具备了专业、丰富的产品知识，才能信心十足，才能产生足够的热情，成为销售专家。其实，很多销售高手最值得骄傲的不是自己的销售业绩，而是他们在其产品或服务方面的渊博知识无人能及。

让产品自己说话：“卖产品”不如“卖效果”

人们常说：“耳听为虚，眼见为实”，相比销售员所说的，客户更愿意相信自己的眼睛，相信产品的效果。一位著名的推销员曾说过：“如果你想勾起对方吃牛排的欲望，将牛排放在他面前，固然有效。但最令人无法抗拒的是煎牛排的‘吱吱’声，他会想到牛排正躺在黑色的铁板上，吱吱作响，浑身冒油，香味四溢，不由得咽下口水。”其实，这就是产品的效果，正是这种“吱吱”的响声使人产生了联想，刺激了人的欲望。因此，聪明的推销员在向客户介绍产品时，多半都会注重展现产品的效果。

1.别开生面的开场，抓住客户眼球

有一个牙医，他把患者的X光片放在墙上，使患者一坐下就可以看到自己牙齿损坏的情况。然后，牙医就会说：“不要等牙坏到不能用的程度才来就医。”

销售员开口之前，一个与众不同的产品展示方式，就能立即吸引住客户的眼球，让客户产生了解产品的欲望，产生亲身感受产品的欲望，从而产生认同商品的看法。

通用电气公司几年来一直想推销教室黑板的照明设备给一所小学，可联系了无数次，说了无数的好话均无结果。这时一位推销员想出了一个主意，使问题迎刃而解。他拿了根细钢棍出现在教室黑板前，两手各持钢棍的端部，说：“先生们，你们看我用力弯这根钢棍，但我不用力它就又直了。但如果我用的力超过了这根钢棍最大能承受的力，它就会断。同样，孩子们的眼睛就像这弯曲的钢棍，如果超过了孩子们所能承受的最大限度，视力就会受到无法恢复的损坏，那将是花多少钱也无法弥补的了。”

没过多久，通用电气公司终于如愿以偿了。

通用公司的聪明之处，就在于让产品自己说了话，让顾客自己看到了产品的效果。在销售过程中，如何让产品说话是决定销售成败的一个至关重要的因素。

2.完美勾勒，开发客户的想象力

销售人员推销的对象是商品，但是你应该明白的是，有时候卖商品不如卖效果，因为客户虽然购买的是产品，但实际上是在购买某种效果。比如，家电类的实用性产品，你不妨在功能和经济性上给对方以利诱；而对于那些名表、戒指等奢侈品，你不妨在地位与身份上大做文章等。总之，抓住你的产品会导致的效果，有侧重地加以说明，便会恰到好处地吸引住你的客户。

为了使客户产生购买的欲望，销售员有时候不妨夸张一点，尽量把客户心中已经建起的美好画面进行渲染、放大，同时还必须对他们加以适当的劝诱，让客户自己产生购买欲望。

3.巧妙引导，带动客户亲身体验

如果我们能积极创造出让客户参与产品演示的机会，让客户用视觉、嗅觉、味觉、触觉等感觉亲身体验产品，让他们户对产品有切身体会，他们就更容易联想起拥有产品之后的感受，就能很快明了产品给他们带来的好处。所以，对于销售员来说，完全没有必要不舍得让客户使用自己的产品，客户只有亲眼看到效果，亲自感觉到产品的好处，才乐意购买产品。

香港一家专营胶黏剂的商店的店主，为了让一种新型“强力万能胶水”广为人知，便用胶水把一枚面额千元的金币粘在墙壁上，并宣称：“谁能把金币掰下来，金币就归谁所有。”一时，该店门庭若市，登场一试者不乏其人。然而，许多人费了九牛二虎之力仍然无果，有一位自诩“力拔千钧”的气功师专程赶来，结果也空手而归。于是，“强力万能胶水”的良好性能声名远播。

当然，这家黏胶剂商店终于如愿以偿了。

在向客户介绍产品时，充分调动客户尝试的积极性是非常重要的。因为这样做，产品给他们的印象更深，对产品的理解也更透彻。

人人都有好奇心，体验式销售使每个人都能自己去尝试、接触、操作。不论你推销的是什么，都要想方设法展示你的商品，而且要记住，让顾客亲身参与。如果你能吸引住他们的感官，那么你就能掌握住他们的感情了。

销售员不能一味地介绍产品而忽视客户的感受，因为当你介绍的时候，客户很可能产生一些疑问，如果不给客户说和问的机会，没有互动这个环节，那么客户会把这些疑问搁置，最终结果只会是，即使客户在你介绍的过程中对产品产生兴趣，最终也会丧失这种兴趣。因此，销售员只有不断和客户互动，及时发问，才会了解客户的想法并很好地引导客户的思维。发问会让客户参与其中，对产品的感受更加深刻。当客户了解这些以后，就会有一种想尝试的欲望，此时，我们的销售目的也就近乎成功了。

因此，作为销售员，不论你销售的是什么，只要你能想方设法让客户看到产品的效果，你的销售工作就成功了一半。

“叫卖”学问：如何向客户阐述产品卖点

销售过程中，我们通常会遇到这样的情况，无论我们怎么陈述产品的优点，劝谏客户购买，但客户似乎总是提不起兴趣，最终放弃购买。听了客户这样说，很多经验尚浅的销售员会选择放弃推销或者继续喋喋不休地向客户推销产品。而实际上，这两种做法往往都是无效的。原因是什么呢？主要是销售员只是为了介绍产品而介绍，而这样介绍无异于产品说明书。此时，如果我们能转换一下介绍产品的方法，尽量向客户陈述产品的卖点，用产品的卖点打动客

户，那么，情况可能截然不同。

小颖是一家电子科技公司的销售员，她主要推销的是电话软件。这天，她去拜访一位科贸公司的经理，这家公司人脉广泛，小颖希望通过与这家公司的合作，拓宽自己在这一领域的销售渠道，但在与这位经理交流的时候，两人产生了不同的意见。

客户："实话说，我觉得你们公司的报价太高了，其他公司的相对便宜些。"

小颖："报价太高了？您这样认为的吗？"

客户："是的。"

小颖："不过，我想您应该不会反对我与您进一步展开合作吧？"

客户："那倒不至于，可是我为什么要买贵的呢？"

小颖："如果我们有机会再次合作，难道您不觉得我们可以帮助您建立更广泛的客户群吗？"

客户："嗯，很有可能。"

小颖："您想我们平时买质量优质的手机和传真机，都是为了拥有更好的通话质量，对吗？如果我们的产品通过与您的合作被更多人所使用，那么那些受益者者第一个想到的就是贵公司的名字，对吗？"

客户："嗯，那倒是这么回事。"

小颖："所以，我们可以进一步想，稍微多花一点点钱，就能获得更好的收益，这很划算不是吗？而相反，买了便宜的但质量得不到保证，这不是因小失大吗？"

客户："这倒是实话。"

小颖："那么，您不反对我们通过和你的合作可以帮助更多人建立起一套更实用的电话系统，是吗？"

客户："是。"

作为销售工作成败的决定者，只有在谈判中突出自己产品的卖点和优势，才能获得掌控销售进程的权力，进而决定销售工作的前进方向。那么，销售工作也就不再困难了。

一个完整的产品包括很多方面，如：价值和附加值、性能与卖点等。因此，当客户已经了解产品的相对稳定和普遍的价值与性能时，要着眼于产品不同于其他产品的优点与性能介绍，这样，产品优势也就显现出来了。也就是，销售员一定要让客户了解到产品的卖点。在介绍产品时，要把产品的特征转化为产品的益处，如果不能针对客户的具体需求说出产品的相关利益，客户就不会对产品产生深刻的印象，更不会被说服购买。如果针对客户的需求强化产品的益处，客户就会对这种特征产生深刻的印象，从而被说服购买。

1.掌握有效说明产品卖点的方式

小路是一位印刷用纸销售员。一天，他打电话给一位印刷厂厂长，他对这位厂长比较了解，知道他有实力，做事有魄力。

“张经理，您好。我是纸厂的小路，我听朋友说您为人非常好，我很想认识您，更想有机会为您服务。没有重要的事我也不敢打扰您，是这样的，我厂最近有一批库存纸需要处理，比市场价便宜。我厂每年只有两次特价，一次是2~3月份，一次是10~11月。机会难得，关键是货不多，所以我不敢告诉更多的人。按照厂里的规定，一次性购买500令纸的话，每吨可以，便宜500元，一次性购买1000令纸的话，每吨可以便宜600元，您看您买多少令呢？我建议您还是一次性购买1000令比较合算，因为它可以立即为您节省将近两万元。”

“如果我只想要600令呢？”

“600令，我想想……噢，对了，我有一个朋友需要200令，正愁没个伴儿呢？要不您要800令，你们两家我做一张出库单，这样1000令就可以享受优惠了，对大家都有好处，您看呢？”

“这样也行，就800令吧。”

针对这种情况，销售人员要根据不同的客户采用以下不同的说明方法。

（1）产品先进的技术会给您带来巨大的效益。

（2）方便的使用方法会给您节约大量的时间。

（3）这种产品可以更多地体现您对家人的关心和爱护。

（4）产品时尚的外观设计可以体现出您的超凡品位。

当然，销售人员应该注意的是，说明产品的卖点时，必须针对客户的实际需求展开。如果提出的产品卖点并不符合客户的需要，那么这种产品的性价比再高，也不会引起客户的购买兴趣。

2.突出产品的优势与卖点

当客户说出愿意购买的产品条件时，销售人员要将自己的产品特征和客户的理想产品进行对比，明确哪些产品特征是符合客户期望的，哪些要求难以实现。在进行一番客观的对比后，销售人员就能有针对性地对客户进行推销了。

（1）突出产品的卖点与优势。销售人员要强化产品的卖点与优势，对客户发动攻势。如："您提出的产品质量和售后服务要求，我公司都可以满足您，一方面，我公司的产品特点在于……另一方面，我公司为客户提供了各种各样的服务项目，如……"在强化产品优势时，销售人员必须保证自己的产品介绍是实事求是的，并且要表现出沉稳、自信和真诚的态度。

（2）弱化那些无法实现的需求。销售员要客观地表达产品存在的不足，因为客户也明白，任何产品都有其无法实现的要求。对此，销售员要真诚地表现出来，但要尽量弱化。比如，销售员可以这样做：

其一，提差价，淡化付出。这种方法适用于很多产品的推销，如："只要多付1000元，您就可以享受到纯粹的海南风情。"

其二，消减客户购买的成本。这要求销售人员对自己的产品要有较深的理解，并且这种理解符合大多数人的生活习惯。如："您只要每周少抽一包烟，购买这个产品的钱就出来了。""您只要每天花两毛钱，就可以让您的容颜停滞十年。"

巧用比较，让客户看到产品的与众不同之处

在介绍产品的过程中，客户免不了会有一些反馈意见。但有时候，我们会发现客户总是觉得我们的产品不够好，这也正是让很多销售员头疼的问题。对此，销售员对客户的意见不能轻视，更不能心存芥蒂。因为俗话说得好，对你的销售没有意见或者不嫌你货的人往往是走马观花的看客，他们是不会把精力浪费在你身上的。其实，客户嫌货是因为客户没有对同类产品的价格或者是对同等价格的产品有比较系统、全面的了解，只要我们善于对比，自然会消除客户对价格的疑虑。

客户："听你这么说，我觉得你们的产品挺好的，但我还是觉得M公司的设备比较符合我们的要求，而且他们的价格比你们的要低得多……"

销售员："的确，他们公司的产品价格比较低，而且他们的设备也不错，但是我们的产品更适合你们。因为贵公司每年的维修费都是一笔巨大的开支，产品的使用寿命是贵公司需要考虑的关键问题，又加上贵公司的生产方式需要一种高性能、高效率的设备，而且需要考虑设备长久的资源利用率，我们的公司的产品刚好可以与贵公司的旧设备共同作业。您觉得呢？"

客户："嗯，你说得也有道理。可是，你们公司设备的价格与他们产品的价格相差甚远，而他们公司的设备质量也不错。"

销售员："他们的质量确实不错，这是一份产品的故障调查报告，我们的设备故障率只有1.2%，不知道对方有没有这样一份故障调查报告。据我所知，他们的故障率一直都是在5%左右。这样算下来，贵厂将会为此多付出几万块。"

情景中的销售员运用的就是对比的方法，让客户看出了产品的优势，综合考虑后的客户必然会做出正确的选择。

世界上没有完全相同的两片叶子，也没有完全相同的产品不同产品间自然就有优劣之分。因此，在介绍产品的过程中，销售员运用比较的方法就能突出

产品的特点和优势，对于说服客户有很大的作用。

对比的方式有很多种，一般来说，对比有横向对比、纵向对比、同类产品对比、不同类产品对比等几种方法。而通常情况下，最常见的是向客户对比不同种类产品的优势，或者将竞争对手的产品与自己产品进行对比。另外，我们除了对比产品的价格外，还可以通过对比产品的性能、服务等，但无论是运用哪种对比方法、对比产品的哪些方面，都是在传递同一个信息，那就是产品的优势。通过对比让客户找到最满意、最适合的产品，从而加深客户的购买欲。

总的来说，有以下几种对比方法：

1.价格对比

这种对比方法可以说是最常见的，是销售人员用所推销的产品与同类产品进行比较，用较高的同类产品价格与所谈的产品价格作对比，从而让客户感觉便宜的方法。很明显，所谈的产品价格就显得低了些。但运用这一策略时，我们还需注意：

（1）销售人员手中至少要掌握一种价格较高的同类产品，当然，掌握得越多越好，这样才更有可比性。

（2）对自己的产品要有信心。这就要求我们销售员在客户批评自己或者自己的产品时。做到耐心倾听，相信自己的产品。等客户批评完之后，再予以解释，巧用价格比较。这也体现了一个销售员的修养问题，然而，很多销售员在介绍产品时，一听到客户抱怨产品，就按耐不住心中的怒火，有的甚至和客户理论起来，这是断不可行的。

（3）把握客户心理，让客户自己在内心作比较。销售员在做价格对比的时候，最重要的还是要把握客户的心理。对比出效益，当我们就产品的价格进行对比之后，并不需要过多地进行进一步的解释，而是要让客户自己在内心作对比，客户自己得出结论远比我们告知他们妙得多！

2.价值对比

客户：“我觉得你们的设备挺符合我们的要求，只是这质量方面，我还是有点担心。因此，我觉得有些贵。”

销售员：“这个您完全可以放心，国家质检部门已经做过多次检验了，我们所有的设备合格率是90%以上，而且这型号的设备质量比其它的都好，它的合格率达到了95%，而其他公司的产品才85％。”

客户：“是吗？”

销售员：“是的，您看，这是产品相关的质量合格证、质检部门的检测报告……”

客户：“是这样啊。”

销售员：“目前这款设备已经在全国20多个城市销售了100多万台，重要的是直到现在我们都没有接到任何关于这款设备的退货要求。所以，你大可放心。”

这段案例中，我们发现，这位销售员就是从人们最关心产品质量的这一心理出发，将自己的产品与行业内的其他产品进行对比，让客户消除了对产品质量的疑虑。

总之，在介绍产品的过程中，在客户有购买需求的前提下，只要我们巧用对比，让客户感觉到物有所值，客户一定会购买。

言辞中肯，不要为了推销而推销

每个销售员在推销产品的过程中，最重要的部分莫过于向客户介绍产品。很多销售员为了能让客户购买产品，什么方法都采用，甚至不惜夸张产品的功用和性能，说得天花乱坠。有些客户轻信了销售员的说辞，购买产品后发现，实际上产品并没有销售员吹嘘的那么好，于是，他们再也不购买这个销售员的产品。也有一些客户比较理智，他们对那些将产品说得天花乱坠的销售员会心生反感，根本不予理睬，销售活动也因此终止。

林敏是一家化妆品公司的销售员。一次，她去拜访某公司的部门经理刘小姐，向她推销一款新上市的祛斑产品。

“刘经理，您好，我是林敏。我前几天给您打过电话，向您介绍过祛斑产品。当时，您说过两天再说，今天正是两天后的那一天。所以，我想问您一下，您今天考虑好了吗？”

哪知对方仍旧说：“没有，当时我只是说说而已。”

林敏说：“祛斑产品是越早使用越好，不然等年纪大了，祛斑难度就大了。我建议您不用考虑了。”

“不用，我现在收入不稳定，还没有足够的闲钱买你那一套昂贵的产品。”

林敏又说：“我们的产品虽然昂贵，但绝对能保证您使用后回到二十岁，而且，无论是痘痘还是雀斑都不会复发！”

“哪有你说的那么神啊，我又不是小孩子，相信你这一套。算了，我还有事，你回吧！”

林敏推销失败的原因在于她过分夸大产品的功用，让客户反感。所以，销售员在推销产品时不要过分夸产品的优点，否则会让客户产生过高的期望值，如果以后你的产品达不到你所说的优点，客户就会觉得你是在吹牛，甚至在欺骗，这样对你的产品和人品都会有影响。

在产品介绍过程中，一些销售员以为越将产品的功效放大，客户就会越信任，购买的希望就越大。这是一种错误的想法。其实，很多客户有时候比销售员更专业，对产品的实际功效也有一定的了解。吹嘘产品功效只是耍小聪明，会让客户憎恶，赶走生意。实际上，以诚待之才是真正的销售技巧。那么，具体来说，销售员应该怎样做呢？

1.尊重事实，不夸大其词

没有哪个客户不想买到效果好的产品，但也没有哪个客户愿意购买名不副实的产品。事实上，在销售过程中，有些销售员为了吸引客户，刻意夸大产品的性能和功效，比如：“用了我们公司的化妆品，保管您十天之内会年轻二十岁”“吃了我们公司的减肥胶囊，您在一周之内一定会瘦是十公斤”。销售员在介绍产品时只顾吹嘘，让客户购买自己的产品，却忘记了尊重事实。其实，任何产品有其功效，但也并不是完美的，销售员应该正确认识到这一点。如果想让客户与你保持长久的友好联系，你就要如实地向客户介绍产品。

2.巧妙地告诉客户真相

其实，告诉客户有关产品的真相也是讲究技巧的。告诉客户事情的真相并不是说，销售员要将所售产品的问题简单地罗列在客户面前。如果销售员冒冒失失将产品的某些缺陷告诉客户，客户可能会因为接受不了这些缺陷而放弃购买。如果销售员掌握一定的技巧，不仅可以赢得客户的信赖，而且还可以更有效地说服客户，使客户产生更加积极的反应。

因此，有些问题虽然可以说出，但却不能一股脑地全部抛出，而应该在指出这些问题的过程中运用一些技巧，这一点销售员们要特别注意。比如，你可以转移话题，告诉产品的其他方面的优点。许多时候，当你运用恰当的技巧诚恳地解释清楚个中原委时，明理的客户不但不会产生情绪，反倒会被销售员的诚实可信所打动。

3.主动说出一些小问题

一些客户一听到“推销”两个字就躲之不及，其实，这也是有一定原因的。一些销售员为了尽快实现成交，会把产品的优势说得天花乱坠，但是对于产品固有的缺点和不足会百般掩饰和隐瞒。很多客户在购买产品以后并没有预期的效果，于是，对整个销售员这一行业也就有了误解。其实，如果产品明明具有某种缺陷，而销售员执意隐瞒、不敢承认，那么一旦客户发现真相，即使销售员做再多的解释，都很难挽回客户的信任。

毕竟客户也明白，从来就不会有完美的产品。如果你自始至终只提到产品的优势，而对产品的不足只字不提，那你推销的产品不仅不会在客户心中得到美化，反而会引起客户的更多疑虑甚至反感。

聪明的销售员一般会“不打自招”，为了打消客户的疑虑，他们一般会主动说出一些产品的不足之处。但我们要注意，在说这些问题的时候，态度一定要认真，让客户觉得你足够诚恳，但是这些问题一定是无碍大局的，不影响产品给客户的整体印象的。例如，某些技术型的产品外观不是特别好，如果你能先提出，反而会使那些理智型或挑剔型的客户更快对你产生好感，这样接下来的沟通也会更加通畅。

第07章

灵巧提问，不经意间探求出客户的真心

推销产品中，提问是一个不可或缺的环节。巧妙地向客户询问好处多多，不仅能问出客户的真实需求，掌握客户的内心动态，减少信息的不对称造成的误会，还能把握和控制整个销售进程，获得客户的好感。为此，有人说，在销售中，你问得越多，客户答得越多；答得越多，暴露的情况就越多。然而，如何向客户提问正是考验了我们的口才，如果不假思索地提问，不仅达不到理想的销售状态，恐怕还会适得其反，引起客户的反感，从而造成与客户关系的恶化、甚至破裂。为此，我们需要掌握提问的技巧与方法，只有灵巧提问，才能步步深入，探出客户的真心！

销售中的七种提问方式

在销售中，是否能在一开始就引起客户的兴趣，在于销售员是否懂得运用语言的艺术。聪明的销售员会懂得巧妙地提出问题，从而在开始就了解到客户的真实想法，进而引导客户的思维跟着自己的导向走。因为说服的艺术并不是上演一场场独角戏，而是需要你来我往的相互交流，提出相应的问题，可以引导你的谈话对象去仔细地思考，然后说出他的意见与看法。

小王是一名电脑推销员。一次，经预约后，他来拜访某公司的领导。

小王："上次，您谈到电脑的性能可以满足3~5年的需求。这怎么理解呢？"

客户："使用寿命短、更新太快是笔记本的最大缺陷，我们希望笔记本电脑能够用得久一点。"

小王："确实是这样。我记得几年前，电脑的主频只有200多兆，现在的主频已经到了3.0G，是以前的十多倍。您觉得电脑使用期限方面的主要瓶颈在哪里？或者说三五年以后，笔记本的哪些配置会成为使用的障碍？"

客户："我想听听你在这方面的看法。"

小王："您看看我这几年用电脑的情况您就知道了。我也是前几年买的电脑，但现在的问题是配置不够高，造成了这几年总是要升级硬盘。事实上，考虑到内存的升级最容易而且价格下降较多，内存现在只要够用就行了，以后可以很方便地升级。为了能够使您的电脑用得时间长一些，我觉得您应该在CPU的主频和硬盘方面的配置高一些，显示屏应该使用19英寸的，这样在几年之内都会是顶级配置。”

客户：“你建议的配置呢？”

小王：“您也知道，现在的科技技术发展太快了，以前的奔四马上就要停产了，现在生产的电脑CPU有酷睿双核、奔龙和一些四核高端产品，而且Intel的CPU最近会降阶，我建议您采用E5300的CPU。您使用的数据量很大，考虑到以后升级硬盘时要淘汰现有的硬盘，所以我建议您这次的硬盘配到1TB。内存就使用2GB就可以了，屏幕选择19英寸的屏幕。”

客户：“有道理，我就按照你的建议买吧。”

小王通过对客户的巧妙提问，摸透了客户的需要。这有利于正确地向客户介绍和推销产品，使后面的销售工作容易得多，由此可见提问的重要性。销售员在与客户沟通的过程中，多提一些积极的问题，可以增加客户对产品的信心，从而加强客户购买的愿望并最终决定购买。销售中，提问包括以下七种方式：

1.主动性提问

主动式提问指的是在介绍完产品后，销售员针对客户的感受直接提出的疑问，目的是希望得到客户的反馈意见。一般来说，只要销售员注意自己的说话方式，客户都会直接、正面回答这些提问，比如：销售员可以直接问客户：“这件衣服是今年的最新款，不知道您喜欢不喜欢这种颜色呢？”如果客户说他不太喜欢，那么“症结”就已经找到了。

2.建议式提问

销售员应该提醒客户，在购买产品后会得到某些利益和好处，并提出一些良好的建议。客户在经过思考后，如果能对你的意见产生认同感，一般都会购买产品。比如，婴幼儿产品推销员可以这样推销：“请问您的宝宝多大呢？如果是一岁以下的婴儿，我建议您……如果是……”短短的一个问题，会让客户感觉到你的贴心，又会让客户感觉到你的专业，继而赢得赢得客户的信任和认同，从而给客户留下了良好而又深刻的印象。

3.重复性提问

重复性提问就是重复客户的疑问，从而肯定客户的观点，容易让客户产生认同感。例如，当客户对你的产品服务产生不满时，你可以问："你是说你对我们所提供的服务不太满意？"那么，这一提问方式有什么好处呢？第一，能起到对客户言论的确定作用，避免理解错误；第二，起到缓冲问题的作用，销售员可以借此机会想出解决的对策；第三，这类问题还可以用来安抚客户的气愤、厌烦等情绪。

4.选择式提问

选择式提问需要销售员对可能产生异议的几种问题进行分类，不能遗漏任何可能性，然后让客户自己从中选择一个或几个。

例如，推销员可以问客户："您好，我们的产品有哪些问题让您觉得不太符合你的需要呢？是样式、体积、重量还是口味……"

5.指向性提问

例如："你们一般都买哪个品牌的化妆品？""你们每年花在旅游上的经费大概是多少呢？"等都属于指向性提问。这种提问方式的不足是，只能询问客户愿意公开的问题，也就是不能深入提问，但好处是一般客户都乐意回答。

6.细节性提问

细节性提问的作用是，可以使得客户进一步表明自己的观点或者不满，方便了解购买中产生异议的原因。比如，当客户只说出对产品不满时，你可以问："请告诉我您对产品哪里不满意，好吗？"

7.结论性提问

结论性提问是根据客户的观点或存在的问题，推导出相应的结论或指出问题的后果，诱发客户对产品的需求。这类提问通常使用在评价性问题和损害性问题之后。

销售人员需要注意的是，在使用这些方式提问时，对客户要表现出关心，语气不可太生硬。

提问要巧妙，要先从客户感兴趣的话题入手

经验丰富的销售精英都知道，在与客户进行沟通的过程中，你问的问题越多，获得的有效信息就会越充分，最终销售成功的可能性就越大。弗朗西斯·培根也曾经说过："谨慎的提问等于获得了一半的智慧。"提问的好处多多，但很多销售员却苦苦思索，该如何提问才有效。实际上，我们都有这样的经验，人们对于自己感兴趣的问题才会乐于回答，那么，我们何不以此为突破口进行巧妙地询问呢？

李伟有一家自己的公司，专为其他公司提供销售人员和管理人员。在一个星期五的下午，他和他的老同学有一个约会。那天天气很热，当他到达约会地点的时候，发现自己早到了20分钟。为了不让这20分钟的时间白白浪费掉，他决定找个客户进行推销。

李伟找到了一家规模比较大的汽车销售店，走了进去。

"你们老板在吗？"他问销售员。

"不在。"

李伟并不退缩，又问道："如果不在店里的话，他会在什么地方呢？"

"在大街对面。"

李伟走到街对面，在接待室他问："你们老板在吗？"

"嗯，他在办公室里。"接待小姐说。

当时那位老板正在和销售经理商量事情，李伟走进他的办公室，问道："作为贵公司的老板，我想您大概总是在想办法增加销售额吧？"

"年轻人，你没看见我正在忙吗？今天是星期五，又是吃午餐的时候，你为什么在这样的时间拜访我？"

李伟满怀信心地盯着对方说："您真的想知道吗？"

"当然，我想知道。"

"好吧，我是刚从雷丁乘车过来的，我有个约会是下午两点，但我早到了

二十分钟。因此，我想利用这短暂的时间来访问。” 稍做停顿，李伟又压低声音问：“贵公司大概没有把这种做法教给销售员吧？”

那位老板听到李伟的问话后，绷着脸看了销售经理一眼。过了一会儿，老板微笑着对李伟说：“多亏你，年轻人，请坐吧。”

这则案例中，李伟之所以能在二十分钟内得到客户的认可，正是因为他抓住了一个商人的心理特点，从对方关心的问题——销售额上入手，并以此设置悬念，引导客户回答出：“当然，我想知道。”从而赢得了客户的好感。同样，销售员采用这种方法，可以让客户放下心中的怀疑，与你心平气和地交谈，这样对彼此业务成功可以起到推动作用。

当然，在与客户沟通时，从客户感兴趣的话题提问也是有一定技巧的，如果用得不恰当，也会适得其反。具体来说，我们可以这样提问：

1.就地取材

其实，我们不必绞尽脑汁地寻找提问客户的话题，因为一般来说，生活中，人们都会关注这些话题：

你可以谈足球、篮球和其他运动。

你可以谈食物、谈饮料、谈天气。

你可以谈生命、谈友情、谈光荣。

你可以谈同情心、谈责任感、谈真理。

你可以讨论书籍、电影、广播节目、国际新闻或本地的新闻。

你可以交换一下关于某个杂志上看到的一篇文章的要点。

……

诸如此类，都是很好的谈话题材。

2.从客户在行的话题问起

提问要注意问及对方所在行业，特别是从他的专长或职业下手，这样，就能让你应付各式各样的客户，使话题不断地延续下去。假如对方是医生，你对医学虽是门外汉，也可以用“问”的方法来打开局面。“近来感冒又流行了，贵院大概又要忙一阵子了吧？”这样一来，对方的话夹子就打开了，你可以从感冒谈到症状、药品和补品等，只要双方都不厌烦，话题就会一直谈论下去。

3.借助媒介法

例如，你想向一位陌生人推销，而他正在看报纸，你便可以用报纸作为媒介，对他说：“先生，对不起，打扰一下，请问您手里拿的是什么报纸？有什么重要新闻吗？”如此一来便开启了双方对话的源头。

4.有所避忌，有些问题不可问

在和客户谈话的时候，有的东西是需要特别注意的：

不要问及对方的花费，比方说别人衣饰的债钱或送礼的债值以及请客所花的费用，这会让人觉得你触及他的经济能力或者怀疑他送礼的心意；

不可以问女子的年龄（除非她是六岁或六十岁左右的时候）；

不可问别人的收入；

不可详问别人的家世；

不可问别人用钱的方法；

不可问别人工作上的机密……

己所不欲，勿施于人。凡是你不想让人知道的事你也应该避免询问对方。谈话的目的在引起对方的兴趣，而不是使任何一方没趣，能令对方滔滔不绝，是你说话的本领，也是你增广见闻的方式。

向客户提问，令对方感兴趣的话题可以说俯拾皆是，关键在于要能够依照特定的情境去发掘，并且恰到好处地运用！

委婉探问出顾客的经济实力

作为销售员，我们都知道，客户是否有购买能力是判断其是否能成为我们准客户的一个方面。客户有购买需求、有购买权，但是没有购买能力，我们依然无法成功地推销出产品。对于分期付款的客户，也可能会造成销售后的呆账或死账。因此，在推销前，我们就应谨慎行事，在大型的购买活动中，要提前了解客户的经济水平和购买力，在确认你的潜在客户有这方面的预算后，还要对其信誉进行一番考察。我们考察客户的购买实力的一个重要方法就是提问，但在提问时一定要注意方式，最好以温婉探问的方式，尽量在悄声无息中了解，否则很容易引起客户的反感，丢失生意。

一天上午，某汽车4S店进来一位大概四十出头，打扮不入时的男士。店内的推销人员对这位先生上下打量了一番后，大概认为其并没有购买能力，也就没有主动过去为其服务，而销售员彤彤则不同，她走过去主动和客户打了招呼："先生，您好。我是这家4S店的销售员彤彤，很高兴为您服务。"为了不打扰顾客看车，做完自我介绍后的她就在一旁观看，并未出声。

就这样，这位先生一个人在店内转悠，一会儿说这辆车车价太高，一会儿又说那辆款式不漂亮。看到一旁的彤彤，他说："我今天只是随便看看，没有带现金。"

"先生，没有问题的。我和您一样，有很多次也忘了带。谁也不会随身带着很多现金，您尽量看，有什么问题可以问我。"

"好的，谢谢你。"然后，稍微停顿一会儿，彤彤观察到客户有种脱离困境、如释重负的感觉。彤彤想：他是真的没带钱，还是没有购买能力呢？于是，针对这个问题，彤彤决定大胆地试探一下顾客。

"先生，您有中意的车吗？"

"那辆奥迪不错。"

"是的，您的眼光不错，这辆车最近卖得很好。"

"是吗？可是，能分期付款吗？"这下子，彤彤明白了，原来顾客是担心价格和付款方式问题。于是彤彤说："当然可以，你现在就可以与我们签约。事实上，您不需要带一分钱，因为您的承诺比世界上所有的钱更能说明问题。"

接着，彤彤又说："就在这儿签名，行吗？"等他签完后，彤彤再次强调说："您给我的第一印象很好，我知道您不会让我失望的。"

结果确实没令她失望，第二天，这位顾客就带了首付提走了那辆车。

这则销售案例中，销售员彤彤之所以能轻松推销出去这辆车，是因为她和其他销售员不同，面对看似没有购买力的客户，她还是愿意一试。并且，最可贵的是她敢于主动试探顾客，从而让客户自己道出了购买的顾虑——希望分期付款。

的确，客户的购买能力是决定客户是否能完成购买的关键因素之一，客户没有经济实力，即使他们的需求再强烈，也不会购买。对于这类顾客，如果我们纠缠不休，不仅浪费时间，还会招致顾客的厌恶。但有些销售员在遇到徘徊于类似汽车店内的顾客时，总是会妄下断言：光看不买，一定是买不起。这也是不正确的，因为也有一些客户更相信自己的眼光，需要多项选择。那么，很多销售员就产生了疑问：如何判断出客户是否有足够的经济实力购买呢？其实，我们不妨像案例中的彤彤一样，主动出击，巧妙地探问。

那么，我们该如何提问，从而筛选顾客呢？对此，我们可以从以下三个方面入手：

1.询问客户的职业

这天，家具店里来了一位年轻女孩，导购员晴晴赶紧迎上去，一番寒暄之后，晴晴了解到女孩是布置结婚新房。于是，晴晴就试探地问："张小姐，请问您在哪里高就？"

"哪儿算什么高就，我去年就辞职没干了，专心装修新房。幸亏老公的公司运营得不错，不然我也得上班。"

听到客户这么说，晴晴就大胆地为客户介绍了一些高端的家具。当然，最后这几单生意都成交了。

案例中的晴晴是个精明的导购员，她通过询问得知客户的职业——全职太太。虽然客户张小姐没有工作，但是却有其丈夫这一经济后盾，因此对方是有一定的经济能力购买高档家具的。

一般来说，人们的职业与收入状况和身份地位是吻合的，因此你可以借机问顾客："能多问一句，您在哪里高就？"

2.针对顾客的支付计划进行提问

我们可从顾客期望一次付现，还是要求分期付款，或分支付首期金额的多寡等，来判断客户的购买能力。

一位保险销售员去拜访客户，见到客户他说："保险金您是喜欢按月缴，还是喜欢按季缴？"

"按季缴好了。"

"那么受益者怎么填？除了您本人外，是填你妻子还是孩子呢？"

"妻子。"

"那么您的保险金额是20万元呢，还是10万元呢？"

"10万元。"

3.看顾客的穿衣打扮，委婉提问

一般情况下，人们的收入状况和经济水平是可以从其穿戴打扮上看出来的。穿戴服饰质地优良、式样别致的客户，应该有较高的购买能力；而服饰面料普通、式样过时的客户多是购买力水平较低、正处于温饱水平的人。

为此，推销员通过观察客户的服饰打扮，大体上可以知道客户的职业、身份及购买力水平。比如，你在向顾客推销一件衣服的时候，你可以先这样说："您今天的首饰真好看，好像是今年××杂志上的主打产品，是吗？"根据顾客的回答，你大致就可以看出顾客的购买情况了。

总之，销售员在对客户进行说服时，首先要弄清客户的经济水平，才能分析客户为满足自身需要所能够接受的价格水平。此外，一定要注意提问方式的委婉，太过直接、明朗会引起客户的负面情绪！

恰当反问，变被动为主动

可能很多销售人员都发现，很多情况下，明明客户对产品感兴趣，却迟迟不购买。这是因为客户把这种购买意愿储存在大脑中，而没有激发出来。若要激发这种购买欲望，就需要销售员采取提问的方式。当然，提问的方式有很多种，其中就包括反问。通过一步步反问的方式，我们能激发客户的需求和紧迫感，进而促成交易。

小王是一名电脑硬件销售员。一次，一位客户来购买硬盘，看了一会儿后，对他说："你们这电脑硬盘太小了，我需要大的。"

小王一听，就知道顾客对电脑硬件知识不是很了解，于是，小王对顾客进行讲解："您知道什么是硬盘吗？其实硬盘就像一个小盒子，您可以把你需要的文件存储在那里面。当然硬盘也有自己的容量，就像蓄水池，不过它的单位不是毫升或者立方米，而是有自己专门的单位，有80GB、160GB、240GB的，数字越大，容量越大。您想要多大容量的硬盘？"

小王这番话轻而易举地使顾客明白了什么叫硬盘。顾客不肯购买的缘由是硬盘小，而他指的小是指体积，这明显就是外行人的话，小王抓住这一点，用理论知识给客户以反击。但一定要注意，你的推销语言要清晰明了，客户对你的信任感与好感才能油然而生。当顾客对你有了好感，又何愁交易不能达成呢？

因此，在销售过程中，如果销售员能恰当反问，便可以顺利把客户带进自己的谈话模式中，变被动为主动；而如果销售员不懂得如何提出反问问题的话，销售员将无法获得客户信息。那么，在具体销售过程中，销售员应该如何向客户提出反问呢？

1.疑问型反问

这是最简单的一种反问方式，指的是销售员可以直接对客户提出自己想要知道的问题，但这种反问方式一般不适用于客户不愿意公开的问题，除非你与客户有不一般的关系。这种反问方式的好处是，客户一般都乐于回答。例如，销售员可以问：“看您的穿着，您应该最喜欢红色的包包吧？既然这样，为什么不试背一下呢？”等等。通过使用疑问型的反问句，销售员可以在短时间内明确谈话的重点，引导客户进行有效沟通。

2.层层递进型反问

这种反问方式在销售过程中比较普遍，它的目的是通过步步深入的反问，让客户认识到问题的严重性或者加深认识等，从而激发客户的情绪，唤起客户的购买欲望。比如，在销售员向客户推销空调系统的过程中，可以向客户反问：“炎热的夏天，全家人在空调下享受清凉的时候，您一定不愿意看到空调突然坏掉。如果您的空调突然出现故障您会是什么心情？您的家人会不会抱怨您没有买一台质量很好的空调呢？”销售员这样逐级增加问话的深度，往往能吸引客户注意力，从而让沟通气氛愈加活跃。

3.机智幽默型反问

这种反问的方式一般出现在客户产生异议，而直接反驳客户会出现尴尬的场景下使用。其目的在于消除尴尬，起到圆场的作用。方法是尽量别直接攻击客户提出的异议、疑问等，从侧面或其他角度表达态度、倾向和观点，机智巧妙地回应对方。在一则笑话中，就曾使用幽默型的反问，让人在感到快乐的同时又有所领悟。

妈妈：“你选哪一个苹果？”

儿子：“我要那个大的。”

妈妈：“你应该懂礼貌啊，要小的才对。”

儿子：“妈妈，难道懂礼貌就是要撒谎吗？”

4.讽刺型反问

讽刺型反问一般是，销售员受到了客户不公正和不平等的指责等，为了不伤及客户的感情而使用的方式。

客户：“昨天晚上怎么没有送货过来？”

销售员：“我在公司值班呢。”

客户：“那怎么不派人送来？”

销售员：“别人也都要值班呢。”

我们暂且先将销售员的这种做法正确与否搁置，就其反问的方式而言是值得借鉴的，既表达出了反问者的想法，又保全了气氛的和谐。但销售员要记住，在销售过程中，运用这种反问方式一定要注意把握分寸，不要伤害客户感情，更不能激怒客户，造成不可收拾的后果。

具体来说，就是要注意自己的态度，不能让客户感觉到自己的自尊心受到伤害，说话更不能咄咄逼人，否则会很容易和客户之间发生口角，最终导致生意失败。

比如，有些销售员在反问客户的时候，经常会说出这样错误的话：

“难道你说的话都是真理？”

“难道你有我熟悉这一行业？”

可想而知，类似这样咄咄逼人的反问只会火上浇油，很容易激怒顾客。如果销售人员能够稍微变通一下，采取另一种方式，所带来的结果可能完全是另外一番景象：

“我不觉得您的话没有道理，但是我也不觉得我不比您更懂行情，因为我毕竟是做这一行的。”

可见，销售员换一种表达方式，会让人听起来更顺耳一点。语气的作用有时候是非常神奇的，同样的含义有很多种表达方式，选用得当的表达技巧，能使得销售局面由坏转好。

总之，在销售过程中，如果销售员能恰当反问，便可以顺利把客户带进自己的谈话模式中，变被动为主动；如果销售员不懂得如何提出反问问题的话，销售员将无法获得客户信息。

积极发问，带动销售中的沟通氛围

我们都知道，在销售过程中提问的好处多多，可以帮助我们挖掘出客户内心的真实需求。但事实上，提问也并非一件易事，因为我们的提问只有在发挥积极作用的前提下，客户才愿意回答，而这就要求我们多提积极的问题。因为通常来说，人们只有在积极的情绪下，才会逐渐消除对陌生的销售员的戒心，并乐于回答他们的问题。

一个中国留学生在澳大利亚经历了这样的事情。

“您是中国人？”金发小姐问他。

“嗯。”他下意识地回答了一声。

“我能问您几个问题吗？”

“我不懂英语。”他打着手势装着不懂。

“只四个问题。”金发小姐一笑，继续问：“您是学生还是工作了？您最想做的事是什么？将来想从事什么工作？对未来有何打算？”

顿时，他的顾虑打消了，心想在这陌生世界中，竟还有人关心起他这个不起眼的人的生活和工作，甚至未来。于是他答道：“我现在是边学习边打工，每天感到生活压力很大又很累。我最想做的事就是交到更多的朋友，将来能从事自己喜欢的工作。我希望在未来获得成功。”

“您希望成功，目前却遇到诸多问题，那么通过怎样一个中间媒介去实现呢？我将告诉您。”然后指着问号说道：“但愿我能帮你解决这个问号。”

他十分惊讶，于是带着好奇，跟着金发小姐来到了她的办公室。她说，她的工作是帮助那些有困难的人，根据他们的具体情况，指导他们购买他们所需要的书，特别是在这儿购书可比外面书店便宜 10%。在金发小姐的热情推荐下，这位留学生不得不买了一本书。

在这个案例中，金发小姐成功推销出自己的书，就是因为她善于提问。她先提出的一连串问题是丝毫没有涉及推销的，并且是从关心留学生的角度提出的，因此，很快使这位留学生消除了心理障碍。然后，她再适时地引入销售问题，让留学生产生一种继续探究的愿望。最后，金发小姐成功推销出书。

由此可见，积极提问的重要性。一般来说，积极提问包括以下几种方式：

1.以轻松的问题发问

以轻松的话题开头，最好不要涉及销售问题，这样能打消客户的戒心和顾虑，使对方乐于与你交谈。当对方显露出需求，你再主动出击，将问题转变得较明确。例如：

“您好。是王总吗？我是××公司的小刘，您最近很忙吧。”

“是呀。”

“王总，马上就要春节了，不准备庆祝一下吗？”

“当然了，我们正在安排呢。”

“那我先预祝您节日快乐！”

“谢谢，您有什么事啊？”

“我们给您发过一份传真，说明了一下我们公司的业务内容，不知道您收到了没有。”

当然，以这种问法开头，要求销售员掌握在交谈中的主动地位，其目的在于一步步引导客户。在客户肯定了销售员所有的问题后，自然会得出积极的结论，也就是购买产品。

2.多提开放性的问题

开放性的问题因为具有很大的回答空间，所以能激发客户的谈话欲望，让客户自然而然地畅所欲言，从而帮助销售人员获得更多有效的信息。在轻松自由的谈话氛围中，客户通常会感到放松和愉快，这显然有助于双方的进一步沟通与合作。

通常来说，开放性的提问方式，有一些的典型问法，比如：“为什么……”“……怎（么）样”“如何……”“什么……”“哪些……”等等。具体的问法就像案例中一样，需要销售员认真琢磨和多实践才能运用自如。

3.建议式提问

采用提问的方式对客户提意见，比单纯建议客户购买产品产生的作用更大、效果更好。因为虽然是提问，但最终的决定权还在客户手里，客户会有一种被尊重的感觉。

“您看您是年付还是季付？”

“您看您是亲自过来还是我给您把保单送过去呢？”

在交谈中，应避免用下面的方式：

“您看怎么办？”

“您看还是尽快将字签了吧？”

另外，与客户交谈快结束时，销售人员也应多提一些内容积极肯定且让客户增强对产品信心的问题，以促使他下决心购买。例如：“还有什么需要我来完成的吗？事实上，你只需在这里签个字，这张保单从明晨零点起就开始生效。”

第 08 章

言语攻心，三言两语让顾客“心随你动”

现实销售中，不少销售员总是会有这样的苦恼：无论他们怎样劝说客户购买，如何介绍产品的卖点，客户似乎总是不会所动，甚至还没等销售员开口，他们就习惯性地拒绝。这是为什么呢？原因很简单，我们说话的话再多，如果不能一语中的，也是无效的。相反，如果我们能在言语中暗藏玄机，学点言语操纵术，掌握了客户的心理，客户的思路自然会跟着你走！

说点软话，满足客户的虚荣心

作为销售员，每天都要接待不同的顾客，不同的顾客有不同的性格，所能接受的交流方式也是不同的人们常说“到什么山上唱什么歌”，与顾客交流也是如此。现实销售中，我们会发现，有这样一类客户，无论销售员说什么，他们都显出一副不可一世的神态，并表现得比销售员更专业，希望销售员能聆听自己的教导。面对这种顾客，底气不足的销售员常不知所措，不敢继续接待。也有一些销售员为了证明自己，与顾客进行一番理论，而到最后，不仅让生意白白溜走，还让自己乃至公司的形象受损。其实，对于这类顾客，如果我们能放低姿态，给其灌下蜜语甜汤，满足其虚荣心，销售也会顺利进行。

小王是一家药品卖场的导购员。有一天，有位顾客前来买药。

小王：“先生，请问您需要购买什么方面的药？”

顾客：“都有哪些胃药？”

小王：“我们这里胃药很多，不过我推荐您购买A厂生产的胃药，这是市场上很畅销的品种。”

谁知，这位顾客撇撇嘴，冷笑一声：“这种药品只能去蒙普通人，这厂家用的药材都不是从正道上进的，质量差得远了。我还听说几个月前，这个厂因产品出现质量问题，差点被告上法庭。你说，这种产品我敢要吗？”

小王一听，知道遇到内行了，她立刻改变策略，恭维道：“您真行！这么隐秘的事都能知道，跟您相比，我们导购员真是井底之蛙了。”

顾客：“那是！我代理过某药品好几年了，医药行业的这点破事，哪能逃过我的耳朵。”顾客得意洋洋。

小王：“原来是老前辈！刚才我还跟你荐药，真是班门弄斧了。那您觉得用哪个厂生产的药才放心？”

顾客：“告诉你，B厂生产的药比较可靠，他们靠近原料产地，厂长为人也实在，估计B厂生产的药品不会差到哪里去。”

小王趁机说道：“跟您聊一会儿，真长见识！你要几盒？我给您拿去。”听罢，顾客痛快地要了两盒。

顾客离开前，小王不忘恭维道：“以后，您要常来药店指导工作呀！”

每个顾客在购买前，都会对所购买的产品进行一番了解，这是人之常情。一般情况下，这也是销售员所能应付的。但如果我们遇到的是一些自视甚高的客户，那么我们就要利用客户的这种优越感，对顾客进行了一番恭维，因为专业型顾客自己心中有数，基本上不会听导购员的意见。与其费尽口舌推荐，还不如以请教的姿态，主动倾听顾客的见解，满足其心理。

的确，在销售中，我们常常会遇到此类顾客，他们自高自大，因为对产品存在一些认知和见解，便有某种优越感，基本上不会听导购员的意见。面对这类顾客，如果我们以说教的方式劝客户购买，恐怕是不起作用的，而如果我们能对他进行了一番投其所好的恭维，说些软话，满足其心理，那么，销售工作进行起来便容易得多。

那么，具体来说，我们该如何应付这类爱听软话的顾客呢？

1.准确快速判断出顾客的特性

这类爱听软话的顾客，一般在销售伊始就表现出主动的姿态，他们会对销售员的服务态度、专业水平或者产品性能等方面提出很多的要求。对此，在进行正式的销售前，我们一定要善于察言观色，基本摸清顾客的特性，进而揣摩他们的心理、特点和利益需求，才能在说话时很好地对症下药，准确地找出应对策略。

2.放低姿态，多讨教

这类顾客在与销售人员交谈时，要么对销售员的推荐默许地点头，偶尔针对不足之处作善意的更正；要么是急于表现自己，不等销售员开口，就喋喋不休地向销售员传授着专业知识，会无情地指出对于销售员推荐的不足之处，使销售员下不了台。因此，销售员可以降低姿态，以讨教的语气进行交流，利用他们好胜的心理来促成销售。

3.多说恭维话

比如，对他们渊博的学识表现出敬佩的样子，这不仅让他们得到心理满足，也会为了表现自己而向导购员传授更多知识。

西方有句格言：“请用花一样的语言说话。”面对这类爱听软话的顾客，如果你想获得成功，就不妨多说些甜言蜜语，使你的语言像花一样绽放，让客户心情愉悦起来，与你进行良好的交流，为销售成功奠定一个好的基础。

话到嘴边留半句，吊起客户的胃口

人们都有好奇心，对自己不熟悉、不了解、不知道或与众不同的东西，往往会格外注意，尤其是对那些自己已经产生兴趣的事物，更想一探究竟。所以，我们在与客户沟通的过程中，不妨利用他们的这一心理，话到嘴边留半句。这样，客户的胃口被吊起来后，自然会追问下去。这是一种巧妙的推销方法，也是一种打动客户的技巧和艺术。

我们与客户交谈之初，可以暂时不提推销之事。先设置一个悬念，激发客户的好奇心，然后在一个恰当的时机，让他的好奇心得以满足。如此一来，你的业绩就水涨船高了。

乔治是一名厨具推销员，由于他出色的口才，他的销售业绩很好。他曾经有这样一次推销经历。

那天，他准备向某准客户推销一款280元的厨具。

他按响了门铃，等他道明了来意后，客户当场就拒绝了：“我是不会购买这种又贵又没用的东西的，请你走吧。”客户态度如此坚决，让乔治碰了一鼻子灰。但乔治想，决不能放弃，一定有方法可以让客户接受自己的产品。

第二天一大早，乔治就又来了。这次，客户的态度还是和昨天一样，一看到来推销的乔治，他还是坚决地说：“我昨天不是说过了吗。我是不会买你的东西的。”这次，乔治并没有急着介绍自己的产品，而是从口袋中掏出一张一美元的钞票，当着客户的面把它撕碎，对客户说：“你心疼吗？”客户客户吃惊地看着他，心想，这人真是疯子。乔治没等客户回答就离开了。

第三天早上，乔治又在同一时间来到客户家，客户开门后，乔治又掏出一张一美元的钞票，当着他的面把它撕碎。然后问：“你心疼吗？”

客户说：“我不心疼。这又不是我的钱，你要是愿意的话，可以继续撕。”

乔治说：“我撕的不是我的钱，而是你的钱。”

客户很奇怪：“怎么会是我的钱呢？”

乔治并没有马上回答客户，而是停顿了会儿。这时，客户急了：“你倒是说啊。”

此时，乔治才缓缓地说：“您自打结婚起就住在这房子里，已经有20年了吧。如果这20年，你使用的是我的烹调器具做饭，每天就可以节省1美元，一年360美元，20年就7200美元，这不等于撕掉了7200美元吗？你今天还是没有用它，所以又撕掉了1美元。”

客户被他的话说服了，立刻购买了乔治的产品。

案例中，厨具推销员乔治之所以能转败为胜，就在于他设置了一个悬念，唤起了客户的兴趣和好奇心。如果销售员可以利用悬念来唤起客户的好奇心，从而引发客户的注意和兴趣，然后再推销产品或观念，就可以迅速转入面谈阶段。

那么，如果制造悬念又该怎样吊起客户的胃口，让客户有这种一探究竟的欲望呢？对此，没有固定的模式，只要能引起客户的注意就好。另外，要注意很多问题，避免用错悬念，引起客户的反感。

1.悬念要与产品有关联

这种关联可以是直接的，也可以是间接的。但如果销售员的悬念和产品无关，等客户了解了具体情况后就会明白，当时销售员的努力只能算白费。

2.悬念不可怪诞

销售员可以运用各种类型的悬念方法，但这种方法必须是有道理可循或有事实依据的，不能凭空捏造一些奇谈怪论来吸引顾客。

3.要让顾客真正感到好奇

悬念针对的目标是客户，不能只有销售员自己觉得好奇，而忽略了客户的心理感受。

4.控制好悬念产生与解答之间的时间

对于销售方来说，为客户制造悬念也要见好就收，不要无节制地让客户猜疑。一旦客户失去了兴趣，那么，我们精心设置的悬念也就不起作用了，甚至让客户觉得你故弄玄虚，觉得自己受到了欺骗。

制造悬念主要是为了引起顾客的好奇心，提高注意力，并让客户有探究问题答案的强烈愿望。当销售员在从客户的好奇心转向产品的性能时，就达到了宣传和推销的目的。因此，制造悬念是销售员应该具备的能力和技巧。要能制造悬念，除了要具备广阔的知识外，还要揣摩客户的好奇心理，进行仔细的编排。这其实是一门巧妙的艺术，需要花费力气，下一番苦功的。

用数据说话，增加产品的可信度

在现实的销售中，一些顾客不相信销售员的话，大多是因为曾被虚假信息所蒙蔽，或是听信他人的谣言。面对这样的客户，最好的方法就是用事实来说话，用真实、准确、全面的知识和数据来说服客户，从而端正客户的错误观点。要知道事实胜于雄辩，提供权威认证和精确的数据比单纯的辩解更具说服力。

卡耐基的一次经历，可以说是用数字说话的一个典范。他是这样说服一家旅馆经理打消增加租金的念头的。

卡耐基每季度都要花费1000美元在纽约的某家大旅馆租用大礼堂20个晚上，用以讲授社交训练课程。

有一季度，卡耐基刚开始授课时，忽然接到通知，要他付比原来多 3 倍的租金。而这个消息到来以前，入场券已经发出去了，其他准备开课的事宜都已办妥。怎样才能交涉成功呢？经过仔细考虑，两天以后，卡耐基去找经理。

卡耐基对经理说：“我接到你的通知时，有点震惊。不过这不怪你，假如我处在你的位置，也会写出同样的通知。你是这家旅馆的经理，你的责任是让旅馆尽可能多地赢利。如果你不这么做的话，你的经理职位很难保住。假如你坚持要增加租金，那么让我们来合计一下，这样对你有利还是不利。”

“先讲有利的一面。”卡耐基说，“大礼堂不是出租给讲课的而是出租给办舞会、晚会的，那你可以获大利了。因为举行这类活动的时间不长，每天一次，每次可以付200美元，20晚就是4000美元。租给我，显然你吃大亏了。

“现在，来考虑一下不利的一面。首先，你增加我的租金，也是降低了收入，因为这等于你把我撵跑了。由于我付不起你所要的租金，我势必再找别的地方开办训练班。”

“还有一件对你不利的事实。这个训练班将吸引许多有文化、受过教育的中上层管理人员到你的旅馆来听课，对你来说，这难道不是起了不花钱的广告作用了吗？事实上，假如你花5000美元在报纸上登广告，你也不可能邀请这么多人亲自到你的旅馆来参观，可我的训练班给你邀请来了。这难道不合算吗？”讲完后，卡耐基告辞了，“请仔细考虑后再答复我。”最后，经理让步了。

卡耐基之所以获得成功，只是因为他站在经理的角度想问题，把增加租金与保持租金的好处用数字清楚地表达出来。可见，销售员在向客户介绍产品的时候，如果能用精确、权威的数字说明，会显示出我们的专业水平，从而会增加产品的可信度。

的确，在销售中，一定要显示出自己的专业素质，尽量权威、精确地介绍产品的各个方面，越是精确、权威的数字，越能让客户感受到你的专业，也就越能获得客户的信任。现在，很多商家都意识到了这种方法的重要性，在广告宣传中都运用数据来说话。比如：

××沐浴露："经过连续28天的使用，您的肌肤可以……"

"科学证明，我们的电池能待机15天。"

××牙膏："只需要14天，你的牙齿就可以……"

"我们的洗衣粉能去除99%的污渍。"

"我们已经对全国超过1000名的使用者进行了连续1个月的跟踪调查，没有出现任何的质量问题。"

那么，销售人员应该从哪些方面用数字说话呢？

1.产品的性能和指标

比如，冰箱销售员在介绍产品的时候，可以这样告诉客户所卖冰箱的省电量："你知道吗？即使你的冰箱二十四小时都在使用中，但相比其他品牌的冰箱，你可以节省××度电。"这样说，不仅能体现出销售人员的专业，而更为重要的是立竿见影地显示出该冰箱的优越性。

2.产品的普及程度

比如，销售员可以告诉客户，你所销售的彩电已经在全国多少省市畅销，获得多少消费者好评等，如此以来，产品的质量也就有一个很好的证明。

3.购买产品会给客户带来多少好处

客户最关心的是利益问题，而真切的数字会更让客户信服。比如，生产机器类销售员可以这样告诉客户：“你假如从现在开始使用我们的机器，那么，在一个月以内，贵厂的产品出产量将会增加××，收益会增加××。”

用数据和事实来说服客户和很多销售技巧一样，虽然具有很好的作用，能增强产品的可信度，但如果数字本身的可信度有问题，比如数字不准确或者虚假、夸张等，就会引起和客户之间的信任危机。因为一旦客户发现这些数据本身有问题，就会对销售员本身乃至整个公司的产品产生质疑，那么，这无论对于销售者或者企业，都会产生无法估量的恶劣影响。

总之，如果我们能使用一些真实、准确的数字并做到适时使用，那么，顾客对产品一定有更为深刻的认识！

巧妙暗示，让客户自动上钩

销售行业就是靠嘴吃饭，有些销售员业绩平平，不是因为不努力，而是因为不会说话；相反，有些销售员，轻而易举地完成销售工作，是因为会说话。因此，我们总有一个误区，认为销售就是要滔滔不绝地说话。实际上，会说话和说多少话是不同的概念，真正会说话的销售员懂得什么时候说，什么时候不说，更懂得在不显山露水间传达自己的想法，因为他们善用暗示的方法。

一天，推销大师乔·吉拉德所在的汽车展厅又迎来了一位客户。经过沟通和了解，乔·吉拉德向她推荐了一款合适的车型。那位客户看着崭新的汽车，左转转右转转，好像非常欣赏。

“夫人，如果您不介意，可以坐上去试试。”

“是吗？你们对面的福特车行，每款车上都写着‘请勿触摸’的字，你们的可以试试吗？”

“当然可以！”

这位女士坐在驾驶座上，握住方向盘，触摸操作一番。从车里出来后，那位女士说：

“不错，新车的味道真好！”

“那您决定买这辆车吗？”

“哦，我再考虑考虑，好吗？”

“亲爱的夫人，您可能还不知道这辆车驾驶起来有多么的舒服。您愿意把它开回家体验一下吗？”

“真得吗？”这位女士感到不可思议。

“当然，没有任何问题！”

后来，这位女士决定购买这辆车，因为她把车开回家之后，丈夫、孩子和邻居都赞不绝口，这让她感到很满足，于是马上决定购买。

可以说，乔·吉拉德成功推销这辆车并不是因为他巧言推销，而是因为他善于暗示，引导客户接受产品的体验，进而主动购买。

研究表明，客户虽然有千万个借口来对销售人员的推荐做出拒绝的反应，但根源往往归结为习惯性使然。客户对产品存在这样的异议，并不是因为客户真的对产品不满意，而是因为他们与生俱来的对新事物的防备。如果我们一味地向客户推销产品、高谈阔论的话，很有可能招致客户的反感。有些话点到为止，让客户自己去想去看，反而更易让客户接受产品。

那么，销售人员该怎样套出客户的内心想法，并予以解决，从而把握整个谈话方向呢？

1.巧用心理暗示

比如，销售员在对客户的购买能力等情况进行一番了解后，不妨对客户进行心理暗示：“夫人，您想想看，如果您能买下这所房子，那么，您的孩子每次回家的时间就能减少半个小时。每当他吃晚饭时，还能听到对面音乐厅里最悠扬的钢琴声。不失为一种美啊！”

另外，销售员在对客户进行一番暗示后，不能急于让客户对购买产品表态，因为客户需要一些时间思考，让这一暗示真正地进入客户的头脑，渗透到思想深处，进入客户的潜意识。利用这些方法给客户一些暗示，客户的态度就会变得积极起来，等到进入推销过程中，客户虽对你的暗示仍有印象，但已不认真留意了。当你稍后再试探客户的购买意愿时，他可能会再度想起那个暗示，而且还会认为这是自己思考得来的呢！

2.引出客户的真心话

很多销售员，自己在电话这头热情洋溢地陈述自己的产品，客户却以“考虑看看”为由挂断电话。虽然客户这样说，但销售员要明白，客户并不是真正要考虑，而是已经拒绝了你的推销。在这种情况下，倘若推销员认为客户目前还需要时间来考虑购买这一问题，日后再来听取佳音，就未免太过死板了！要处理这种状况是有点棘手，因为客户会说出这句话，多半是在推销员已经做了相当多的说明后，就算勉强再运用其他拒绝语言处理，效果也不会很好。即使客户先前一直表示赞同，但在面临重要关头又退缩时，重提此事只会增加客户的厌恶。所以，必须改变一下方式，从另一个角度去引出客户真正的想法，比如“我是很想买，但是缴费负担太重”。若能让客户说出真心话，就有希望进一步促成交易。所以，推销员要懂得调适自己的心态，要有“被拒绝是当然的事”的心理准备，被拒绝对于销售员来说，是再正常不过的事，不能恐惧被拒绝，要坚强地面对客户的拒绝，引导客户说出真心话。

可见，在销售过程中，有时销售员巧妙说一些“潜台词”，似乎更能帮我们达到销售目的。

妙用“配套效应”向客户推销全面服务

日常生活中，可能我们都有过这样的经历：有一天，你和妻子在逛商场，看到心仪已久的一套餐具正在打六折，于是你和老婆一商量，咬咬牙还是买了。看到新餐具，你觉得很美好，心想明天就可以用最好的餐具用餐了。回到家以后，你发现家里的厨具也不好用了，餐桌也旧了……

这是一种什么样的心理？18世纪法国哲学家德尼·狄德罗也遇到了类似的事情。一天，朋友送他一件质地精良、做工考究，图案还很高雅的睡袍，狄德罗非常喜欢。于是他穿着精美的睡袍，在家找感觉，发觉家具风格不对，地毯针脚粗大。为了与睡袍配套，他将旧的东西先后更新，房间终于跟上了睡袍的档次。可他却觉得很不舒服，因为自己居然被睡袍胁迫了。两百年后，美国哈佛大学经济学家朱丽叶·施罗尔，在《过度消费的美国人》中，把这种现象称为“狄德罗效应”，也就是人们常说的“配套效应。”

不得不说，“配套效应”在日常生活中可谓司空见惯，几乎在每个普通百姓身上都会发生。比如，买了一套新房，谁都得装修一番。有人这样描述：铺上大理石或木地板后，自然要以黑白木封墙，再安装像样的灯池，四壁豪华后还要配上高档的硬木家具；出入这样的住宅，显然不能再破衣烂衫，必定要有拿得出手的衣服……就此“效应”下去，说不定有人会突然发现和自己睡在一张床上的那个家伙也有点儿拿不出手，打算一并换了呢！

当然，对于追求利益的生意人来说，很喜欢人们的这一心理。同样，销售人员在推销的过程中，如果能让人们产生这一心理，当他们需要更全面的服务时，也就上钩了。

小吴是一名孕婴产品的推销员。这天，他来到某小区准备推销自己的产品，经过前期的准备工作，他了解到某某住户家有孕妇，再过两个月这家就要添丁了。于是，他敲开了这家的门，开门的是个老妇人，小吴猜想，这位不是孕妇的母亲就是婆婆，但他还是决定先试探一番。

“阿姨，您好。您怎么一个人在家？您儿子媳妇呢？”

“你弄错了，这是我女儿的家，她怀孕了，我是来照顾她的。”

“哎，真是可怜天下父母心啊，这么大把年纪了，还为女儿着想。想当年，我岳母也是，生怕我妻子冷着饿着，孩子出世后一刻不闲着。”小吴语重心长地说。

“可不是嘛！不过我女儿很好动，身子也不错，这会儿她婆婆带着她出去散步了，我们两个老太婆还怕照顾不好一个孕妇吗？”老太太爽朗地笑了起来。

“是啊，我看阿姨您就是一个和善的人，全家一定很幸福。对了，阿姨，只顾着和您聊天，都忘了跟您说了。您看，这是我们公司的产品，是专门针对婴儿设计的，包括奶粉，益智玩具，还有各种婴儿期的书籍等。”

“原来你是搞推销的？”

“是的，阿姨，不过您不购买也没关系，打扰您这么久，我赠送您一个小玩具吧。”说着，推销员拿出了一把玩具手枪，老太太一看，欢喜得不得了，但她一想：要是女儿生的是女孩，那岂不是不合适，再说，亲家也会以为自己重男轻女，要不再买个小娃娃吧。就这样，老太太主动提出再买个娃娃。

小吴一看，自己的方法奏效了，就对老太太说：“对了，阿姨，您的女儿还有几个月生？”

“两个多月。”

“现在的女人呀，都爱美，对于孕后的身材可是很在意的。我妻子就是，当年生完孩子后，一年多都恢复不了。我那时候想，要是我能多挣点钱，给她买点有助于产后恢复身材的产品，就不会那样了。阿姨，我们公司的这种产品正是针对孕妇设计的，只要产后每天锻炼十几分钟，就能起到很好的效果。您要是给您女儿买一个的话，她一定会很高兴。”

“是啊，那我也买一个吧，反正女儿生孩子，我这个做母亲的，也没为她买什么。”

接下来，在小吴的轮番轰炸下，这位老太太居然一次性购买了千元的孕婴产品。

案例中，推销员小吴在道明自己的拜访目的被顾客拒绝后，为什么还能成功推销？因为他每句话都是从客户角度出发，让客户感受到了他的真心，继而扭转了销售局面。

当然，要运用好这一效应，还需要销售人员做到：

1.将心比心，让客户感受到你的真情实意

在运用“配套效应”时，要求我们以客户为中心来分析问题，帮助客户解决问题。销售员需要花较多的时间让客户产生信赖，并且了解客户的需求，因为只有以客户为主才能更好地建立信任感。正如案例中的这位销售员所说：“您要是给您女儿买一个的话，她一定会很高兴。”

2.注意自己的说话态度，不可强迫客户购买

在上面的案例中，我们不难发现这名销售员还有一个推销技巧，就是免费赠送。面对免费产品，谁会拒绝？而这一“送”，就产生了一发不可收拾的后果，在“配套效应”的作用下，对方产生了各种产品的购买需求，于是就上钩了。

我们向客户推销，并不一定要让客户购买。也就是说，我们为客户制造“配套效应”不可操之过急，否则，很容易被客户认为我们是心怀叵测，一旦等他们“清醒”过来，所有的推销就泡汤了。

注意以上两点，只要我们言辞诚恳，找到客户需要的配套服务，那么客户一定能轻易地上钩！

第 09 章

打消顾虑，顾客内心心结全靠你来解开

在任何一场买卖活动中，作为客户都希望以最低的价格买到最满意的产品，为此，对于那些前来推销的陌生销售人员，他们难免有这样那样的顾虑：要么是产品功效上的，要么是产品价格上的，也有一些客户对产品或者销售员存在偏见……这些疑虑正是阻碍成交的障碍，无形中给我们的销售工作带来困难。此时，我们要想成功推销，就必须发挥我们的口才，打开客户心结，揭开客户的真实意图，并做到有的放矢，针对客户不同的疑虑，采取不同的措施加以解决。

先“晾”出产品的优缺点，防止客户疑虑过多

在销售过程中，客户总是存在这样那样的疑虑，而这正是阻碍成交的最大障碍之一。这也是有原因的，有些销售员为了尽善尽美地展现自己的产品，总是报喜不报忧，甚至把产品吹嘘地过于完美，并刻意隐瞒产品或服务的缺陷。比如：你销售的化妆品明明是化学物质制成，你却说绝对是草本植物；你负责销售的电脑辐射很大，你却说类电脑的辐射是行业里最小的；交货日期最起码要一个月，你却说只要二十天……这样的说辞并不会取得客户的信任，相反，客户迟早会发现你的伎俩，给销售造成障碍。而实际上，客户的一些疑虑是完全可以避免的，比如，主动暴露产品某些无关紧要的小缺点，或者主动提出客户的疑虑，把可能出现的问题“晾”出来。这样就等于给客户吃了一颗定心丸，从而对我们产生信任。

1.“晾”出产品优点，让客户主动说“是”

小齐是一名供暖设备的推销员。一次，他要将一批供暖设备推销给某假日酒店，客户对他的产品很感兴趣，但到最后并没有如预料中那样顺利地成交。小齐知道问题出在了价格上，于是他主动提出：“王总，我明白，可能您觉得我们的产品贵了些。这一点我也承认，但在刚才我给您演示的产品的过程中，您也看到了，我们的设备完全是一套节能环保设备，甚至可以变废为宝，这是其他任何供暖设备所不能做到的，也会为贵酒店带来很多可观的收益……”小齐说完后，对方连连点头，最后顺利签了约。

上述案例中，销售员小齐之所以能成功说服客户购买，就在于他能在客户

提出价格异议前，主动告诉客户产品贵的原因。这样，客户就会打消“购买产品会吃亏”的疑虑，自然会选择购买。

销售过程中，最具说服力的劝服技巧无非是让客户自己承认产品的优良或服务的到位等，让客户在拒绝之前先说“是”，就能有效将客户的拒绝遏制住，比如，你可以对客户说：“××先生，您应该知道我们的产品向来都比A公司的产品价位低一些吧？”

当然，销售员在让客户肯定某些销售情况时，必须要对该情况有十足的把握，不能让客户抓住把柄。

2.“晾”出产品不足，让客户感受到你的诚实

一家医院和某药厂合作了很多年，可是突然决定不再使用那个药厂的产品了。原来，该药厂的一位销售员到医院去向医生介绍一种治疗风湿病的药，他对那位医生说：“张医师，只要有了这种药，保证你们医院所有的风湿病人都可以被治好。”

医生听后很生气，说：“你还真敢吹牛，把我当傻帽啊！风湿病是无法根治的，以后我们医院再也不用你们厂的药了，你走吧。”销售员只好悻悻地走了。

案例中，销售员所犯的错误很明显，没有如实、客观地反映反而夸大说明产品的功效。他忘记了和自己合作的是医院，医院对所有药品的性能和功效都有一定的了解，况且他犯的还是常识性错误，自然会引起客户的反感，生意失败也在情理之中。相反，如果这位销售员能够实实在在地说明他们药物的作用，比如：“张医师，我们通过大规模的实验证明，这种药物能有效减轻绝大部分风湿患者的症状，这里有一份报告，您可以看一下。”或许那位医生还可以考虑一下。而他所夸大的事实正好是医生的所熟悉的专业内容，这就怪不得医生会生气了。

而现实销售中，一些销售员，尤其是那些销售新手，对于销售前辈们的做法似乎总是感到不解：为何要向客户主动透露产品的一些缺点呢？这样做不

等于赶走顾客啊？其实不然，这些销售前辈们的做法是正确的。因为，任何一个客户都明白，这个世界上没有完美的事物，产品更是如此。如果我们一味地只提产品的优势而掩盖不足，反而会引起客户的更多疑虑甚至反感。“不打自招”则会打消客户的疑虑。

所以，每一个销售员都应该明白：诚信是维持友好客户关系的根本，只有以诚实的态度和恳切的心情去与客户打交道，才能拥有更多客户，销售工作才能更好地进行下去。

3.巧妙地告诉客户真相

我们给客户吃定心丸，告诉客户产品的某些缺陷和不足也是讲究技巧的。告诉客户产品的真实情况，并不是说销售员要将所售产品的问题简单地罗列在客户面前。如果销售员冒冒失失将产品的某些缺陷告诉客户，客户可能会因为接受不了这些缺陷而放弃购买。如果销售员掌握一定的技巧，不仅可以赢得客户的信赖，而且还可以更有效地说服客户，使客户产生更加积极的反应。比如，你可以转移话题，告诉客户产品的其他优点。许多时候，当你运用恰当的技巧诚恳地解释清楚个中原委时，明理的客户不但不会产生情绪，反倒会被销售的诚实可信所打动。

总之，销售员还必须明白，真正的销售技巧就是要让客户长期的信任你。为此，销售员有时候不妨主动给客户吃颗定心丸，告诉客户产品的某些真实情况，以此获得客户的信任，防止客户顾虑过多。

巧妙探寻，引导客户说出他的“难言之隐”

销售员在与客户谈判的过程中产生异议，是一种很常见的现象，正如有人说的“嫌货才是买货人”，对产品或者价格有异议的才是你的准客户。但我们要事先揣测客户可能产生的异议，以及产生这种异议的原因。这样在整个谈判过程中，我们才能有意识地消除这些异议。

有时候，交易双方总是会在价格上或者其他方面不能达成一致，即使销售员一再退让，客户仍然不满意。这是因为销售员并没有准确把握客户的真实异议，其实，交易迟迟没有敲定很可能还有其他隐藏性的因素，所以销售员要分析清楚客户的真实异议。我们可以从客户自身和销售员本身找原因。而聪明的销售员会在肯定客户的前提下，慢慢引导客户，让他说出自己的“难言之隐”。

约翰是一名保险推销员，他这个月还没有一单成交量，这意味着他的基本生活保障都有问题。可幸运的是，他发现他的好朋友和邻居吉姆还没有买保险。

“我妻子说，我年轻力壮，不需要买保险。”吉姆说。

“是的。”约翰赶紧回答说，“不过，谁也说不准，还是买份保险比较好。”

“要是真的出问题了，一份保险有什么用呢？”吉姆又说。

“您说的对，那么，如果一份保险真能在关键时刻帮你解决问题，你会买吗？”约翰开始问吉姆。

“那我也不会买，跟你说实话吧。其实，我也很想买你的保险，可是没办法，我妻子的弟弟也在卖保险。我妻子正准备买他弟弟的保险，我只能这么做。”

情景中约翰的客户吉姆正是有自己的难言之隐，幸好聪明的约翰用先赞同后发问的方式，问出了吉姆拒绝的真实原因。否则，即使约翰使出浑身解数，也是不可能说服吉姆的，因为他说的一切都和吉姆的真正意图毫不相干。

辨别客户异议的最好办法就是当你提供真正有益于他们的建议时，他们仍然不为所动。那么，客户一般就是没有告诉你真正的异议。

还有一些客户，因为一些原因，不愿意说出自己真实的异议，总是找一些其他的理由推辞。对于这样的客户，你不妨先赞同他，然后再反问，以便揭示出客户内心的真实意图。那么，一般情况下，客户的真实意图有哪些呢？

1.没有购买意愿

如果客户有购买需求，却没有购买意愿，就是销售员的劝说工作没有做到位。这类客户一般会以价格过高为托辞，实际上，他对销售员口中介绍的产品没有任何兴趣。此时，销售员一定要转化推销策略，重点在激发客户的购买兴趣，而非一味地介绍产品，当客户产生这种购买欲望的时候，客户的异议也就消除了。

2.产品无法满足客户的需要

产品不能充分满足客户的需求，或客户感觉产品并不好的时候，他们也会找各种借口推辞交易。这种情况说明销售员的准备工作没做好。这时候，我们可以直接让客户提出要求，然后再斟酌地加以满足。

3.预算不足

这种情况也就是说，客户的支付能力有限或是预算不足。无论什么生意，只要在客户的支付能力和预算之外，客户无法承受的话，是做不成的。一般情况下，客户会提出降价的要求，但如果销售人员坚持自己的价格而不肯让步的话，交易永远也不能达成。对此，我们也没有必要死咬着价格不降价，这样反而浪费双方的时间。只要是在能力范围内，建议销售员退而求其次，尽量满足对方的要求，争取同对方长期合作。

当然，还有种情况可能是被我们忽视的，那就是客户并不是预算不足，而是为了让销售员降价而死磨硬泡，拼命地耗时间。对此，销售员一定要速战速决，不能让自己陷入被动境地，关键时刻不妨欲擒故纵，让客户主动缴械投降。

4.其他异议

客户抱有其他隐藏异议，比如客户惦记着更便宜的产品，或是客户不想过早签约等，他们都会提出价格异议。我们经常能遇到那些总认为后面有更好、更便宜的产品的客户，无论我们怎么打动他，他仍然迟迟不做决定。

那么，当了解了客户的真实意图之后，销售员该怎么处理这些异议呢？

一旦遇到谈判僵持不下、无论怎样也谈不妥的情况，我们要立即处理。销售员可以遵循“先分析、再缓和、最后解决”的步骤来处理这一问题。

（1）分析背后的真实异议。面对僵持不下的谈判，销售员首应该缓和紧张的气氛，之后通过观察和思考，或是主动询问客户的意见或要求，从客户的真实需求中找到背后的原因，确定客户的真实异议是什么。

（2）化解真实异议。理清客户的真正异议之后，销售员要婉转地化解异议。如果是客户本身的问题，我们要针对客户的要求来化解，或是给予一定的让步。如果是销售员自身的问题，那么最好是换一个销售员再进行谈判，这样有助于挽回产品在客户心中的形象。

化解异议的时候，销售员一定要注意自己的状态，要对产品表现出足够的自信，这样才能感染客户，得到认同。

（3）完成交易。世界上没有卖不出去的产品，只有卖不出去产品的销售员。所以，我们要不断学习，提高自己的专业知识和销售技巧，完美地化解异议，说服客户购买。

客户在面对销售人员的推销时，总会提出这样那样的质疑，客户之所以有这样的异议，是因为他们希望找到购买这件产品的理由，这也表明客户对产品产生了兴趣。其实，当客户真正对产品产生兴趣，而又拿不定主意是买还是不买时，他们就会提出相应的异议，而这些异议正是他们将要购买的一种信号。此时，如果销售人员处理得当的话，就有可能成交。因此，销售人员要有足够的耐心与勇气，要学会先肯定客户，缓解谈判气氛，然后再问出客户的真实意图，了解了客户的“难言之隐”后，异议的处理也就轻松得多。

委婉指出，千万别直接反驳顾客

销售过程中，客户难免会在购买前存在一些顾虑，甚至对产品存在某些误会。但无论客户说出什么样的话，销售员绝不能直接反驳，否则会让客户很没面子，甚至与你大动肝火。如果客户所说的话是无关紧要的，销售员就可以不予置之，一笑了之，继续谈话；如果客户对于你的产品或服务有误解，你就应该采取先肯定后否定的谈话方式委婉侧击，如“您说的没错，但是……”，也就是先同意对方的观点，然后再以一种合作的态度来阐明自己的观点。

某保健用品公司的销售员正在与客户沟通保健仪器的事。

销售员：“先生，您好，我是××保健仪器公司的销售员。您看，这是我们公司新研制的保健仪器，目前刚刚投入市场，非常受欢迎。它对腰椎、颈椎和肩膀都有很好的保健功效，特别适合有颈椎病的患者使用……”

客户：“请你等一下，你是哪个公司的？”

销售员：“我是××保健仪器公司的。原来您知道我们的牌子，那就更好了。您以前一定接触过吧？”

客户：“听说过，没接触过。你们的产品谁敢接触啊！”

销售员：“您这话是什么意思？”

客户：“听说你们的产品质量经常出现问题，还出过一些事故呢！而且，听你的介绍，价格也不便宜，我可不买这样的产品。”

销售员：“谁说的，我们的产品从来没有过质量问题，我们的产品还出口呢，怎么可能有问题，真是的！”

客户：“谁不说自己的‘瓜’甜，质量再差的产品在你们嘴里也能成为优质产品。你们的产品我不需要。”

销售员：“怎么会，您不能随便相信外面的传言啊。我们公司的产品是有质量保证的，您看这是产品质量鉴定书还有获奖的宣传册……”

客户：“不用看了，用不着你来教育我，自己的产品有问题就不要到别人身上找原因。你还是走吧。”

销售员：“你这个人怎么这样不讲道理，真是的。”

案例中，这位销售员犯的最大错误就在于直接反驳客户，与客户发生争执。假如他能以实事求是的态度倾听，用婉转迂回的方式沟通，销售局面恐怕大相径庭。的确，对于客户的异议，若销售员直接予以否定，就如同用一把大刀将销售工作拦腰截断。一旦对客户直接反驳，销售工作就很难再开展下去，再多的努力也无济于事。

此时，我们一定要注意自己的态度。一方面要认同客户，承认其他家的产品便宜；另一方面也要为自己产品贵做出合理的解释，让客户看到你的专业素质和良好的态度，从而让顾客在“鱼”与“熊掌”之间做出明智的抉择。

事实上，在销售过程中，客户提出异议是很正常的，任何人在购买的时候都希望能质优价廉。客户的异议有时候是真实存在的，但也有源于客户对产品的不了解。特别是对于后者，一些不够理智的销售员和销售新手们可能直接反驳客户，表面上看，这样直截了当地反驳客户是维护了产品的信誉，端正了客户的观点，但实际上，会流失掉客户。所以，销售员应该借鉴上面例子中的教训，拿出耐心和诚意，心平气和地与客户沟通，让销售变得顺利。

可见，使用先肯定后否定的迂回战术，既表达了销售员自己的观点又不伤害与客户之间的关系，销售工作自然能够继续开展下去，这也是优秀销售员在面对客户提出异议时经常使用的方法。比如：

客户：“现在的学生根本不认真读书，连学校的课本都不愿读，哪里会看课外读物？”

销售员：“是啊，现在的孩子是不怎么喜欢读书，正是考虑到这点，我们在策划图书的时候就设计了这本形式新颖、内容丰富的书，孩子们一见就会喜欢上它……”

对客户提出的反对意见先给予肯定，这种方式比较适用于那些并不十分坚持的反对意见的客户因为这些意见大多是客户作为拒绝的借口，或者产品上的一点小问题等等。

当然，有些时候，客户有异议是因为听信了某些不实的传言，或者是自身认识的原因。对于这样的客户，销售员要明白，事实胜于雄辩，最好的方法就是用事实来说话，用真实、准确、全面的知识和数据来说服客户，从而端正客户的错误观点。

总之，“客户永远是上帝”，这是每个销售人员应该遵循的信条。的确，可能客户的异议让我们感到为难甚至不悦，但无论如何，我们都不要直截了当地否定，更不能与客户发生争执，而是要拿出销售员应有的热情和诚恳，耐心地与客户沟通，尽量在言语间表达自己的良好态度，语言组织得完整、易于被人接受。

利用“第三者干预法”消除顾客疑虑

在销售的过程中，无论最终是否购买，客户似乎总是有这样那样的异议，甚至有时候，在洽谈伊始，销售人员就要遭受一盆冷水。其实，这是因为客户对我们心存戒心，对我们不信任，认为销售员是为销售而销售。此时，如果有第三者出现并支持我们的产品，为我们说话，那么我们给客户的信任度也就大大提高。所以，我们不妨利用“第三者干预”的方法来扭转客户拒绝的局面。

小伟是一家燃气公司的推销员。一天，他来到某小区，准备向准客户詹先生推销自己的产品。简单的介绍后，詹先生的回答很让人失望。

“我没用过你们公司的产品，不敢相信你们，万一有个好歹，后悔都来不及。”

“詹先生，您多虑了，如果我们公司的产品真的出过事故，那么，我还会站在这里与您交谈吗？而且，产品的质量是我们推销最有力的武器。”

“这倒也是，不过口说无凭。”

“詹先生，您看，这是上半年我们公司的销售情况表……”说着，小伟便把一本销售目录拿了出来。

詹先生一看，他所在小区居然有一大半以上的用户都是用的小伟推销的燃气。为了确定小伟的推销目录的正确性，詹先生还拨通了这些邻居的电话，证明了小伟所说属实。后来，詹先生二话不说，购买了小伟的燃气。

在这则案例中，我们发现，小伟之所以能打消詹先生对产品质量的疑虑，说服詹先生购买自己的燃气，就是因为他出示了最有力的证据——销售目录表，其他客户的购买就是产品质量的最好证明。从这则案例中，我们可以发现巧借第三者干预在消除客户拒绝方面的重要作用。

研究表明，客户虽然有千万个借口来对销售人员的推荐做出拒绝的反应，但根源往往归结为习惯性使然。客户对产品存在异议并不是因为客户真的对产品不满意，而是因为他们与生俱来的对新事物的防备。此时，只要我们主动采取点措施，比如利用第三者，可以让客户产生一种购买产品的急切欲望，从而改变客户的态度，让客户信任我们。

具体说来，我们可以这样做：

1.让第三者帮你说话

如果有第三者为我们说话，客户的这些疑虑很容易就能打消，因为在客户看来，第三者的利益和很多客户的利益是一致的。

在销售的过程中，当客户对产品提出异议后，我们可以临场发挥，让销售现场的客户帮我们说话。比如，你可以这样询问其他客户：“请问您对我们的产品还满意吗？”

当然，在选择其他客户的时候，要尽量选择那些情绪佳、满载而归的客户，这样才会得到我们想要的答案。

2.向客户表明产品的畅销度

比如，当客户对产品和销售员的话心存质疑时，你可以拿出产品的销售业绩表，对客户说：“这是我们上个月的销售一览表，我们的产品效果是获得很

多客户认可的。”

3.向客户展示产品的权威性

我们除了表明产品的畅销度，还可以向客户展示产品的权威性。比如，我们可以举出有影响力的实例：“我们的产品你大可放心的去使用，××公司一向对产品质量的要求非常得严格，我们公司就是他们的供货商。××公司是经过很长一段时间的考察，最终选择了与我们公司进行合作的。现在，我们已经与这家公司合作了整整5年了，从来没有出现过任何的差错。虽然今天是第一次与贵公司合作，不过我相信我们一定能保持长期的合作。”

对于那些追求个性的客户，我们不要试图用其他客户影响他们，他们对销售人员所举的例子不屑一顾、即使再大的客户、再有影响力、再权威，他都不会认同。

当然，在使用“第三者干预法”时也要注意讲究职业道德，不能靠拉帮结伙欺骗客户，否则会适得其反。

第 10 章

化解拒绝，说什么能留住客户的脚步

现实销售中，有经验的销售人员都会发现，在被推销的过程中，如果客户不愿购买，总是能找出这样那样的理由，比如“考虑看看”“和家人商量”“只认名牌”等。诚然，这也许是顾客拒绝的真实原因，但大多数情况下，这只不过是顾客为了顾及销售人员的面子而找的借口。聪明的销售员切不可被客户的理由所蒙蔽，而应该有所准备，积极应对，努力化解顾客的拒绝，进而留住顾客的脚步！

制造点难题，让原本称需要“考虑”的客户产生紧迫感

销售过程中，很多时候，无论销售员怎么热情地介绍产品，客户似乎都觉得产品可有可无，通常他们会告诉销售人员“再考虑一下”，而实际上，这只不过是他们习惯性拒绝的借口。这种情况下，销售工作该怎样进行下去呢？客户没有很强烈的购买欲望，是因为没有急需产品的紧迫感。当销售常规方法不起作用的时候，你可以运用另一种方法来争取客户。我们不妨主动出击，为顾客制造点难题，从而让顾客自己感知到产品的必需性。

为顾客制造些难题，让顾客感到产品的必需性，是销售过程中常用的方法。对于那些对产品没有急切的需求，强调要再考虑一下的客户，我们也要积极争取，主动出击，用最有效的方式走近客户，引起顾客注意，利用“问题制造法”一举拿下，从而保证销售工作顺利完成。

1.本着为客户考虑的本意

现实销售中，很多销售员表现出来的是为了销售而销售，这无疑会加重客户疑虑，不愿购买。客户只有在认为现在做出成交决定可以获得最大利益的前提下，才会真正决定成交。所以，销售人员要多站在客户的立场上考虑问题，要让客户明白你是在诚心诚意地替他们着想。

2.不可威胁客户

销售员在让客户产生购买产品的紧迫感的同时，一定要注意自己的说话方式和态度，不可让客户觉得自己受到威胁。而事实上，一些销售员常常事与愿

违，原本是希望激发客户对产品的购买欲望，却造成完全相反的结果，赶走了客户。

另外，我们在给顾客制造难题的时候，最好先把握住顾客关注的焦点。从焦点入手，让他们了解拒绝可能会导致关注点的损失，从而一举击破。

客户称要询问家人意见时，你该如何开口

不少销售人员遇到过这样的难题：我们满怀热情地为客户介绍产品，客户对我们的产品也很满意，我们信心满满地以为客户会购买，但到关键时刻，客户却说："我得回去问问家人，我做不了这个主。"这句话犹如一盆冷水，浇灭了销售人员的热情。一些销售员以为客户这样说就等于拒绝购买，于是他们放弃销售。而也有一些销售员，太过急功近利，听到客户这样说，为了挽回客户，他们回应："这样的事情还要问家里人啊，自己决定就行了。""不用商量了，这么超值的产品哪里还有啊？"而这两种回应方式，无疑都会赶走顾客。

其实，客户称自己要询问家人，一般情况下有两种可能：第一种正如他所说，需要和家里人商量；第二种可能是，这只是一个借口，客户不好直接拒绝销售人员。通常来说，在是否购买上如此犹豫不定的客户，一般是性格优柔寡断，没有主见，极易受外界环境的影响。所以，销售员一定不要轻易让这类顾客走掉，而是抓住其性格特点，尽量说服其购买。

一天，一位女士来到商场某知名品牌手表的专柜，准备为丈夫购买一款手表，因为第二天就是他们的结婚纪念日了。女士看上了一款男士机械表，但最后，她却说："我怕我爱人不喜欢，我还是回去和他商量一下吧。"

销售员："是的，您有这种想法我可以理解，毕竟一枚名表也不是小数目，想与丈夫商量一下也是正常的，但您知道吗？其实，作为丈夫，如果自己

的妻子能记住结婚纪念日，并在当日给他一个惊喜，那么他一定会更高兴。如果您与丈夫商量的话，这种神秘感就消失了。另外，今天刚好是我们十年店庆，会有返利活动，满一千就直降一百。这个活动仅限今天一天。而且，您也看到了，我们这里的表都只有一款，销量很好。这样好吗，我现在暂时给您保留起来，不过我真的不能保证这款表下午还在。所以，我真的希望您不要错过……"

顾客："我看我还是先买了吧，万一下午过来的时候，其他顾客已经买走了，那不就可惜了……"

案例中，这名销售员之所以能说服顾客购买，是因为他既保持了良好的态度，又对顾客适当施压——如果顾客现在不购买，执意要回去与丈夫商量的话，不仅会失去给丈夫惊喜的机会，还可能会导致她中意的手表被其他客户买走，而且会错过店庆返利的优惠。综合考虑之下，顾客自然会暂时放下与丈夫商量的想法，从而选择购买。

那么，具体来说，面对这种情况时导购员该如何处理呢？

1.认同顾客顾虑的合理性

和案例中的销售员一样，如果我们能认同顾客的顾虑，表达同理心，会让顾客觉得你是在为他考虑，就能争取到顾客的心理支持，继而会拉近和顾客间的距离。那么，即使顾客认为需要和家人商量，你也可以暂时把顾客留住，从而为我们接下来的说服工作奠定基础。

2.帮顾客认识到不与家人商量的好处

案例中的销售员很聪明，当顾客认为需要和丈夫商量时，他从"惊喜"这个角度劝说，让客户认识到与其与丈夫商量，还不如给丈夫一个惊喜。

让客户认识到不与家人商量的好处，我们可以挖掘产品背后的意义，你可以恭维一下顾客。比如，你可以说："其实，这不仅仅是一件产品，而是一种心意，是一种爱。不管它怎样，只要是你买的，你老公都会喜欢的。再说啦，如果他真有什么不满的地方，只要不影响再次销售，我们特别允许您在三天内都可以拿回来调换，您看这样成吗？”

3.对顾客施以适当的压力，帮顾客做决定

当顾客迟迟无法下定决心购买时，销售员千万不要认为等待可以得到结果，因为顾客也许会就此放弃购买。所以很多时候顾客下决定都需要销售员的参与，这就需要销售员主动出击，对顾客适当施加压力，甚至帮助客户做决定，这一招通常很奏效。比如，你可以这样说：“我这里的这种产品只剩下最后一批了，而下次什么时候才能拿到这种货就说不定了”，或者说“这种产品现在特别缺货，我们公司已经不生产了”等等。如果顾客确实满意产品，一般来说，他们会立即做出购买决定。

另外，我们还可以掌握一些快速成交的方法：

（1）适当赞美顾客，鼓励顾客尽快成交。如：“您的眼光真好，您老公一定会喜欢的。”

（2）从众成交法，即用人们的从众心理来刺激顾客购买。如：“现在的小女孩都喜欢这样的款式，我相信您的女儿一定会喜欢的”。

当然，运用这一方法时我们不可急功近利，要给顾客考虑的空间，适当的时候，也要退后一步，否则很容易令客户反感。

客户称“想去别家看看”，如何说才能挽留住客户脚步

俗话说：“货比三家不吃亏。”任何一个客户都知道这个道理，因此他们在挑选产品的时候，总是希望有更多的余地。而正是因为这一心理的存在，给我们销售人员带来很多困扰——无论怎么向顾客介绍产品，客户总是一副可买不可买的态度，然后对销售员说：“我想再去别家看看。”客户之所以会有这样的态度，无非有两个可能，一是因为你推荐的产品品种实在无法满足他的挑

选要求；二是因为客户这种“货比三家不吃亏”的心理。对此，导购员想要留住顾客，就需要掌握一定的沟通方法，以独特的卖点吸引顾客。

林小姐是个时尚达人，最喜欢做的事就是购物。这天，林小姐下班后来到一家鞋店，在店内逛了一圈后，她摇了摇头，说：“哎，我还是去别家看看吧。”

站在她身旁的销售员立即说：“小姐，您先留步，请问小姐您是否觉得我们店的鞋子种类太少，您选择的余地不大？”

林小姐：“是啊，就这几款，顾客怎么选？”

销售员：“的确，您说的很有道理，开鞋店首先就要吸引客户的眼球，不过我们老板非常喜欢那些不落伍又不落俗套的经典款式。”

林小姐：“你这么一说，我还真发现，你们店的东西不一样。”

销售员：“是啊，产品贵在精而不在多嘛。我看您也是很注重品位的人。鞋子和时装不同，服饰容易过时，但鞋子只要搭配得好，总是能穿出时髦的感觉。”

林小姐：“你这看法，我很同意。你看，我脚上这双短靴，别人都以为是新买的，实际上，两年前我就买了，只是我喜欢以不同的方式搭配，因此穿出来总是有不一样的感觉。”

销售员：“是啊，您再注意看一下我们店的鞋子，最大的优点就是容易搭配，而不是追求新奇！”

林小姐：“是的，那你觉得我适合什么样的鞋子呢？”

挑选了一会儿以后，销售员拿起一双低跟系带皮鞋说：“我看这双就不错，小姐身材很高挑，高跟鞋的高度不用太高，而且这双鞋正是走的复古文艺路线，更能体现出您的文艺美。”

林小姐：“是吗？我相信你的眼光，我去试试看。”

最后，林小姐兴高采烈地买了这双鞋子。

这则销售案例中，在顾客称自己要去“别家看看”时，销售员并没有放弃推销，而是主动承认了客户的想法——产品种类太少。接下来，她也并没有以“新货过两天就到了”“怎么会，已经卖得差不多了”等借口推脱，而是向顾客表明虽然种类少，但款式经典、有特色，进而让顾客有这样的感叹：“你这么一说，我还真发现，你们店的东西不一样。”接下来，她在对客户的品位进行了一番夸赞，更是让顾客对自己产生了信任感，最终促成了购买。

那么，针对这种情况，具体来说，我们该怎么应对呢？

1.先稳住顾客

当顾客说“我想再去别家看看”时，我们就要明白，这只不过是客户的一种托词而已，你不要认为客户还会再回来，因此你要做的就是先稳住顾客，不要让客源流失。

而要想留住顾客，就要和案例中的销售员一样，用产品其他方面的卖点吸引住客户，进而转移话题。比如，你可以告诉客户：“我们店里的产品在进货时都是经过精心挑选的，虽然种类不多，但都是款式经典又畅销的产品。”但是需要注意，导购员所说的话一定要与事实相符，如果店里的产品并非如此，导购员却硬是这样说，那么丢掉的可能就不仅是顾客，还有店铺的信誉。

2.服务至上，让客户满意

现代社会，随着竞争的日益激烈，产品在质量与功能方面大同小异，人们在购买时逐步带有情感因素，更关注的是销售方的服务态度，谁的服务好，顾客就购买谁的产品。可见，销售员做好服务也是赢取顾客非常关键的一环。如果照顾得不周到很有可能让顾客感觉受到冷落，从而影响到成交量。

3.用特色跑赢对手

在追求时尚与个性的今天，人们也越来越注重产品的个性化。我们在购物的时候，也会不经意地发现那些小面积但却很有特色的店面。例如，专门经营民族服饰的店铺、专门经营水晶饰品的店铺等，虽然看起来不大，却往往内有乾坤。如果这些店铺的导购不善言辞，顾客还是会觉得产品种类不足，故而去别家看看。

所以，当客户说想去别家看看时，你如果想留住顾客，就要让顾客感受到你的产品的特别或者具有某种特殊的含义，进而让顾客改变原有观点，以特色勾起顾客的兴趣和购买欲望，实现销售目的。

促销中客户认为“便宜没好货”怎么应对

虽然现代社会的竞争日益激烈，但很多商家总是能找出促进产品销售量的方法，其中最为常见的一种手段就是促销。在一些卖场和门店中，促销活动天天都在进行。面对这些促销产品，很多顾客会怀疑其质量，他们认为“便宜没好货”，然后以“这个是处理的啊，肯定质量不好我不要了”为由拒绝购买，任凭销售人员怎么解释都不能消除顾客的异议，使产品销售无法顺利进行。对此类顾客，我们不免会泄气。但实际上，只要我们能掌握一定的劝服技巧，让顾客认识到眼前促销产品的价值所在，就能打开销售局面，甚至令其最终决定购买。

某超市厨具专柜在做促销，一位提着菜篮子的老太太在一款菜刀面前看了半天，促销员赶紧迎上去。

销售员：“阿姨，这把菜刀原价要599元呢，现在只要299元，很划算的，请问您还有什么担心的呢？”

顾客：“我觉得打折的东西肯定是存在一定的问题的，会不会回去用了就生锈了或者钝了呢？平时我在超市看见一些促销食品，回去打开后也不是很新鲜了……”

促销员：“原来您是担心这个呀，这个请您放心，相信您从前也听过这个品牌的厨具，质量是绝对过硬的。我们之所以会打折，是因为每年会在产品的外形上做出一些新的设计，那么，头一年的款式就必须打折了，不然哪卖得出去呀！您说对吧？”

顾客：“原来是这样啊。”

促销员：“是的，这种厨具和食品不同的，我们会担心食品过期而不敢买促销的，毕竟吃进肚子里的东西，还是安全第一。但像这样的厨具就不一样了，它的卖点在产品功效，不是看它新不新鲜。”

顾客：“那好吧，我就买一套。”

在顾客选购产品时，销售员一定要细心观察，如果顾客表现出不信任的态度和神情，导购员应该主动向顾客询问，弄清楚他们担心的问题，并给予详细解答，消除他们的担心。

面对促销产品，人们难免有担心产品质量有问题的心理。如果导购员以“您放心，质量肯定没问题的”“都是同一批货，不会有问题”“先生您多想了，就是节日期间优惠”这类的话应对，势必会显得空洞无力，没有任何说服力。

那么，具体来说，我们遇到这种情况，有哪些应对策略呢？

1.认同顾客

首先我们要学会认同顾客的顾虑。认同是个好技巧，遇到不好处理的问题，在解释前使用认同技巧往往会使导购的说服力大增，然后再针对顾虑以真诚负责任的口吻告诉顾客事实，并且强调现在购买的利益，以推动顾客立即作出决定。

比如，导购员可以告诉顾客：“您有这种想法可能理解，毕竟您说的这种情况在我们行业确实存在。不过我可以负责地告诉您，虽然我们这款产品是特价，但它们都是同一品牌，质量完全一样，并且现在价格上比以前又要优惠得多，所以现在买真的非常划算！”

2.对顾客说出低价促销或处理的原因

对于产品的大幅降价，一些顾客总是报以怀疑态度。此时，产品降价的原因就成了他们最关心的问题，如果导购员不能给出他们一个满意中肯的回答，他们是不会购买的。当然，我们都知道，产品降价一般是由于有新产品上市、产品更新换代或者是店庆活动等，但是顾客却并不一定清楚，所以导购员要尽快向顾客解释清楚产品降价的原因，消除顾客内心的疑惑。

3.主动出击，询问顾客担心的原因

在顾客选购产品时，导购员一定要细心观察，如果顾客表现出不信任的态度和神情，导购员应该主动询问顾客，弄清楚他们担心的问题并给予详细解答，消除他们的担心。

4.事实胜于雄辩，用“硬件”证明产品质量

并不是所有顾客都愿意相信导购员的解释，面对此类顾客，如果我们已经力不从心，无法通过语言来解决问题，我们不妨转化一种方法，用事实证明。这些证明一般就是产品的合格证书、获奖证书、质量认证、顾客反馈意见表等。俗话说“事实胜于雄辩”，导购员拿出事实证明产品质量的可靠性，比滔滔不绝说上一大段话更有效果。

总之，没有不能引导的顾客，只有不会引导购买的导购。作为导购员，面对顾客对促销产品的疑问，一定要做好解释、引导工作，让顾客放心购买！

第 11 章

话语引导，引导客户说“是”，营造认同感

在现实的推销工作中，那些销售精英们似乎具有某种魔法，三言两语就能让客户痛快地决定购买，其原因在于他们懂得运用心理技巧引导客户。事实上，销售的过程就是劝服购买的过程，只要我们能让客户认同我们，就能给客户一个实实在在的购买理由，那么客户想不购买都难。否则，即使你费劲口舌，也无法俘获客户的心，那么你所做的任何工作都是多余的。

善用语言技巧，始终掌握谈话中的主动权

销售员都知道，任何销售活动的最终目的都是成交，成交也是整个推销过程中最关键的部分。也就是说，要是生意未能成交，你就没有达到自己的主要目的。乔·吉拉德认为，订约签字的那一刹那是人生中最有魅力的时刻。他说："缔结的过程应该是比较轻松的、顺畅的，甚至有时候应该充满一点幽默感。每当我们将产品说明的过程进行到缔结步骤的时候，不论是推销员还是客户，彼此都会开始觉得紧张，抗拒也开始增强了。而我们的工作就是要结束这种尴尬局面，让整个过程能够在非常自然的情况下发生。"

因此，无论你是销售新手还是一名经验丰富的前辈，都不可以掉以轻心，千万不能傻乎乎地以为自己的工作就是走走推销过场，而不考虑结果。从乔的这番话中，我们还发现，缔结成交的过程是紧张、尴尬的，我们要想达成销售目的，就必须学会把销售的主动权掌握在自己手里。

1975年，著名推销高手、畅销书作家罗伯特·舒克通过电话与"肯德基家乡鸡"的创始人——哈南·桑德斯上校约定了一个会面时间，准备访问他，以作为撰写《完全承诺》一书的资料。当时，桑德斯已经85岁高龄了，他答应去路易维尔机场接舒克，然后两人一起到家畅谈。

飞机准时到达路易维尔机场，舒克走向机场正门，一眼就认出了大名鼎鼎的桑德斯上校，因为他早已在肯德基餐厅门口见过桑德斯的塑像。他热情地向上校打招呼并伸出了手，但是上校却悲叹着说："今天没办法接受你的访问了，我在冰上跌倒，脑袋撞个正着。"

“桑德斯先生，我真的很高兴看到你。”舒克完全无视桑德斯要取消访问的话，“我实在很抱歉，听到你受伤了。”

“今天早上，我在冰上滑倒，头上一大片淤青。”上校继续说，“但我没办法通知你要取消这次访问，我也不想留你在机场干等，所以我在前去看医生的途中先到这里见你。”

“没有关系，上校。”舒克仍然忽略对方要取消访问的事实。他可没有忘记自己大老远跑过来的目的是什么，因此他要赶紧想办法达到自己的目的。

“哎哟，好大的一块淤青！”舒克看到上校的后脑勺上一块明显的肿块。“我们走吧，让医生替你包扎好，我们就到你的地方去。”

他完全不给上校任何说话的机会，马上转向上校的司机：“车子停在哪里？”

“就在那里。”

“我们走吧，”舒克边说边向车走去，“我们必须先送上校去看医生。”

上校和司机主动地跟在舒克身后，一行三人开车往诊所的方向驶去。在医生为上校的头部稍做处理后，舒克和上校就开始了他们的访问工作。结果，他们都度过了愉快的一天。

原本由桑德斯先生掌控的整个谈话大局一下子转变为由罗伯特·舒克掌控，从而达成了谈话的目的。的确，在销售和推销过程中，意外事件简直是防不胜防。但是千万不要泄气，不要灰心，牢记你的推销目的，一定要带动整个谈话的方向，一切言行从对方利益出发，提出方案后立即行动，主动积极地去扭转、控制整个谈话局面。

那么，销售人员在电话销售的过程中，该怎样套出客户的内心想法并予以解决，从而把握整个谈话方向呢？这里，我们不妨学习一下推销大师的实战秘诀：

（1）始终记住一点，你的最终目的是成交，所有的准备工作、销售技巧都是为了达到这一目的。

（2）用你的自信、热情感染你的客户，大胆地告诉客户，你的产品正是他们所需要的。

（3）一味地劝服客户购买不如巧妙引导。

（4）一旦发现成交时机，就要把握好，不可错失，不过还要注意自己的说话方式、态度和语气，不要在关键时刻功亏一篑。

（5）善于察言观色、懂得倾听，把握客户的心灵更容易成交。

（6）要敢于开口，提出成交建议。

（7）提出成交的建议可以采取假设成交的方法。

（8）建议客户成交还是要客户自己做主，不要给别人强卖的感觉。

（9）成交时，请客户签名，要注意自己的表达，尽量不要说“请在这里签字”的话。

总之，你应该永远牢记：没有卖出货之前，你干得再多也不值一提；不到成交那一刻，就等于什么也没有做。成交是销售中最重要的一部分。虽然推销不是简单的产品介绍，但绝对不能不在乎有没有成交。你可以不断展示你的产品，但如果不能成交，你所有的努力都白费了。“在没把东西卖出去前，一切都等于零。而在没有成交之前，你什么也没卖出。”

欲擒故纵，让客户一开始就对产品充满期待

在推销过程中，很多销售员为了把握销售的主动权，在与客户初次沟通的过程中，只是一味地紧逼，于是给客户带来了很大的压力。而一个人承受压力的程度是有限的，过多的压力会让客户心生反感，进而放弃和你的沟通。相反，如果使用欲擒故纵的方法，先让客户暂时获利或对他们淡漠，解除他们的反感和警惕之心，反而更容易推销出产品，成功占领市场，达到“擒”住客户的目的。

所谓欲擒故纵法，就是在交易开始时，为了让客户有进一步交易的兴趣，而故意放慢速度或先冷淡对方，然后再激起对方的兴趣，从而慢慢促成销售的方法。在词性上，“擒”和“纵”是一对矛盾，但用辩证的眼光看待时，它们在一定条件下是可以互相转化与调和的。

老杨的车开了5年，想换一辆新车，就准备把旧车卖了。有一个车行老板来看车，一句好话都没有说，把他的车子评价得一文不值。老杨因此闹得一肚子火，还没有等他开价，就下了逐客令：“你走吧，这车我不卖给你了。”

第二位车商来看时，第一句话就是：“这车怎么保养得这么好!”

老杨说：“我很少开，自己又不抽烟，所以很干净。”

车商：“难怪，这车5年了，跟新的一样，你一定很讲究。”

这话说到老杨心里去了，两个人就在那里聊起来，最后车以18万元成交，离老杨原想的20万元的目标，还差了2万元。

在销售行业，有句老话为“要破坏对方产品的价值，才能方便砍价”。第一位车商就是运用这种方法，但是他的话语严重伤害了客户的自尊心，把客户惹火了，客户宁愿失去成交的机会也不愿继续谈判。很明显，这种做法不是明智之举。而第二位车商，反其道而行，多夸赞对方，把对方夸得心花怒放，最终取得了他的信任，得到了让价和最后的成功。

那么，在日常销售中我们该如何妙用欲擒故纵法呢？

1.劝导客户体验产品

这种方法的好处是，客户会自己去体验，效果往往比语言更有效果。并且，因为是免费，客户一般都会踊跃参加。因此，在与客户面谈的时候，可以带上产品。在他们试用这些产品的过程中，如果喜欢上了产品的功能和特性，试用结束后往往就会掏钱购买，从而将准客户变成了客户。试用产品这一方法，很容易提高产品的知名度和市场占有率，一个忠诚的客户所带来的商机也是不可估量的。

2.限量销售

在给客户体验产品后，可以略施小计，让客户对产品感兴趣并在短时间内做出决定，比如限量销售。限量销售指主要通过控制销售的产品量或产品总量来诱惑消费者，从而提高产品知名度和受欢迎程度的一种方法。很多客户一听到是限量销售，在面谈的开始阶段，就下决心购买。

在美国的唐人街，华人众多，国内的腊肉自然是很畅销。这里新开了一家腊味商店，出售是全手工制作的各种腊味，货真价实，风味独特，很受顾客的欢迎。但这家店有一个规矩，就是每天限量生产，卖完之后就不再销售了。哪怕顾客强烈要求多做一些，也不做了。

当有顾客问老板为什么时，老板回答："店里人手不够，若是多做就保证不了质量了。请您见谅。"

人都是这样，得不到的都是最好的，越是得不到才越显得弥足珍贵。腊味店的老板其实并不是限量保质，只不过是利用了客户的这一心理，用的就是"欲擒故纵"法。

3.赠品和打折

这种方法是利用客户都有贪小便宜的心理，也属于"欲擒故纵"法虽然赠品大多只是一些便宜的微不足道的物品，但正因为这些物品的吸引，让客户有欲望去了解产品，才会为我们的销售活动打开局面，才有可能促成交易。

在日本奈良，有一家超市的打折方式很独特。它首先制订打折的期限，第一天打9折，第二天打8折，第三天打7折……依此类推。所以顾客如果想在打折期间购买自己喜欢的产品，就可以在喜欢的日子过去。如果你想以最低的价格买，就可以在打1折的时候。但是，你要买的东西并不能保证会留到最后一天。

这种促销的方法就是抓住了客户害怕失去的心理。起初，大家会观望，不会在第一天或者第二天就急着买东西。但在第三天，就是打7折的时候，不少人害怕自己想买的东西被卖光，就忍不住了。在第四天就会出现抢购的热潮。

4.学会“低价留尾”和“高价留尾”

在销售活动开始时，客户难免会问到价格问题，这也是一个敏感话题。如果销售员处理不好，很难将销售活动进行下去，甚至有失败的可能。在价格上，销售员也要学会欲擒故纵。我们可以采用“低价留尾”和“高价留尾”方式。“低价留尾”就是报个低价，但规定一个比较大的起订量，甚至大大高于你所估计的客户可能订购量也没有关系，关键是用低价钩起客户兴趣，又为将来的涨价提供依据“订量不够当然要贵一点点嘛”。“高价留尾”就是报高价后，故意规定一个小的订货量（估计客户不难达到的量），并许诺如果超过此量，价格会有折扣。此外，如前文所说，表示根据付款方式等的不同，可给予较大优惠等等。总之，虽然漫天要价，但鼓励客户就地还价。

利益引导法，叙说客户在购买产品后将获得的利益

人们购买产品时，在产品价值不变的情况下，都希望价格越低越好，或者得到的额外利益越多越好，这就是爱占便宜的心理。如果我们能抓住客户的这一共有心理，那么即使客户拒绝购买产品，我们也可以通过多制造一些诱惑条件，来化解客户的拒绝。

小东是个勤奋诚恳的孩子，还在上大学的他每年寒暑假都去打工。这不，一放寒假他就在某超市当起了促销员。

这天下午，来了一位四十多岁的中年男人想要买小白兔的奶糖，问了问价格，觉得有点贵，于是对旁边的售货员小东说：“能不能便宜一些啊，我要的不少呢！”

小东为难地说道：“我们超市都是有定价的，总部定的价格就是死价格，我也想给你便宜，但是便宜之后，我们就要把差价补起来。您看这样行不？如果你能买二十斤以上的话，我们就会给你赠送一个可爱的新年兔。”

中年男人听了，说："你们也不容易，我买东西不能让你们付钱啊。来吧，帮我秤上二十斤吧。"

这则案例中，促销员小东在面对客户要求降价的情况下，向客户传达了自己的难处，表明商品价格自己并不能做主，并且他还提出在客户购买一定数量的情况下可以为客户赠送小礼物。这样，客户自然能理解销售员的苦衷，不再挑剔价格，一下子买上了二十斤的货物。顾客能够理解销售员，才会有和销售员双赢的心理，至少让双方都不吃亏。所以，销售员在销售中能让客户理解自己，是赢得客户的关键。

的确，很少人会拒绝免费的东西。我们经常会遇到这样的场景：假如一件外套卖80元，一条裤子卖80元，客户觉得贵了。但我们告诉客户，如果他要一件外套和一条裤子，就可以以150块钱买走。客户就会想，如果单件买就会多花10块钱，如果组合买就能节省10块钱。这白白节省的10块钱对于爱占便宜的客户来说具有很大的诱惑力，而对于商家来说，并没有吃亏。为什么客户愿意以几乎多一倍的价钱买走两件商品？这是客户爱占便宜的心理在起作用，捆绑销售的策略给了他们一种心理错觉。所以，在销售中如果我们能掌握客户这一心理，与客户交谈，想方设法地给顾客这种占了便宜的感觉，从而喜迎顾客完成交易。那么，成交的可能性将大大增加。

那么，如何才能让客户理解销售员，满足客户想占便宜的心理以达到双赢呢？总的说来，可以有以下几个方面的措施。

1.突出商品的优势

在销售中，很多客户会提出你的商品比别家贵。这种时候，我们可以将同类产品进行优势对比，突出自己在品质、性能、声誉、设计、服务等方面的优势，让客户知道贵有贵的理由。人们不是常说"不怕不识货，就怕货比货"吗，在对比中，客户一目了然，自然会选择物有所值的产品。

2.适当采取点措施满足客户的爱占便宜的心理

通常，客户想得到一点优惠，占点小便宜，更多的不是功利上的考虑，而是占到便宜后喜悦轻快的好心情。对付此种顾客通常可先给予小礼物，让对方满足这种心理。客户有了占便宜的感觉，就容易接受你推销的产品。

（1）提供价格优惠。我们会发现一个奇怪的现象，真正销路好的产品，既不是那些价格昂贵的名牌，也不是那些价格低廉的产品，而是那些大搞优惠、特价的商品。其实，这就是商家利用了顾客爱占便宜的心理。因为促销、优惠的产品都有一个原价，顾客自然会把原价和现价进行对比，这样，他自己也会得出一个结果：优惠并不是天天有，我很走运。即使那些客户根本没有需要，他也会冲着产品价格上的优惠，选择购买。并且，他们会在心里告诉自己：总有一天，我会用得着它的。

（2）发挥赠品的作用。在某科技产品卖场内，有一家小店的生意格外红火，不断吸引前来购买电脑的顾客。顾客一看到杂乱的店面，准备扭头就走。可是，当他们看到货架上陈列的一些小家居用品之后，就停下了脚步。那些从这家小店购买电脑的顾客都满脸喜气，并拿着店主赠送的小礼物。实际上，这家店主并不会主动送东西给顾客，而是等着客户看中后提出要求时，店主才非常“慷慨”地满足客户的要求。在这种情况下，这些买电脑的客户反而觉得是自己占到了便宜。

总之，客户最关心的永远是利益问题，给足客户诱惑的条件，也能化解客户的拒绝，让客户产生及时购买的欲望，但销售人员要注意以下两点：

（1）注意自己的说话态度和表达方式，不要因为客户的预算不够而中伤客户，更不能伤害客户的自尊；

（2）要耐得住性子。很多客户在最终购买前会有很多问题，当我们为客户逐一解决这些问题后，生意也就做成了，千万不能心急。

鼓励客户体验产品，加快成交速度

人们常说："耳听为虚，眼见为实。"相比销售员所说的，客户更愿意相信自己看到的，更愿相信产品带给自己的真实感受，这是客户在购买产品过程中的共同心理。也就是说，如果我们能积极创造出让客户参与产品演示的机会，让客户用视觉、嗅觉、味觉、触觉等感觉亲身体验产品，一旦客户对产品有了一些切身体会，他们就更容易联想起拥有产品之后的感受，就能很快明了产品给他们带来的好处。所以，对于销售员来说，完全没有必要不舍得让客户使用自己的产品，客户只有亲眼看到效果，亲自感觉到产品的好处，才能乐意购买产品。

在一个小镇上，有两个报童售卖同样的报纸。因为处在同一个市场里，所以两个人的报纸销量会你多我少。为了能多赚些钱，两个报童都非常努力，每天他们都带着无比高涨的热情投入到卖报工作当中。

报童鲍伯是一个很勤奋的孩子，每天他都以洪亮的嗓音沿街叫卖。虽然常常大汗淋漓，但是买他报纸人却并不多。这让鲍伯很是苦恼。

另一个报童丹尼也很努力，但是他更多地把这种努力放在了动脑上，除了每天沿街叫卖之外，丹尼还会到一些固定的场所，直接向人们分发报纸，等到天黑的时候再把报纸收回来。起初，丹尼的工作有一些损耗，但是渐渐地，丹尼的报纸卖得越来越好了，买他报纸的人越来越多，还常常有人为了买他的报纸在那些固定场所按时等候。以至于报童鲍伯的报纸卖得越来越少，不得不另谋生路了。

报童丹尼的报纸之所以卖得越来越好，就是因为他懂得让客户参与的道理。在固定地点，他将报纸分发给路人，傍晚再收回来。可能在刚开始有一些损失，但是通过这种方法，他与客户之间就有更多见面的机会，从而加深感情当客户再需要购买报纸的时候，就会不自觉地在他那里购买。先入为主，他也就占领了市场。而报童鲍伯虽然很勤奋，却没有使用正确的方法，没有让客户参与其中，也只能事倍功半。

从上面这个案例中，我们能发现一个道理，要想让客户买你的产品，就要让客户与产品之间建立感情，而这就需要让客户接触产品，参与到体验产品的过程中来。日久生情，将其用在产品上也不为过。试想当你的产品成为客户时常可触摸、可耳闻、可眼见的产品常客后，客户也就对你的产品有了印象、评价，甚至感情。随着对产品的不断了解，客户爱上你产品的几率就会大大提高。所以，想要让客户爱上你的产品，不妨让其与你的产品近距离接触，让客户参与到产品相关事件当中，使其成为享用产品、评价产品的人。

因此，每个销售员都要明白一点，让客户体验能引发客户的购买动机，直接刺激客户的购买欲望。而且，无论你对产品的介绍是如何美妙，客户心中总是存有疑惑的，不如让客户亲身体验产品来得痛快。客户亲身体验产品，还可以省去销售员的口舌，产品的性能和特点都在体验中表现出来，不需要费尽心机去说服客户。

那么，如何让客户参与到产品的体验中呢？

1.要告诉客户“买不买没关系”

很多时候，客户因为戒备心理会拒绝体验产品，他们认为销售员会为了推销而推荐产品。对此，销售员不妨主动打消客户在体验产品前的顾虑和芥蒂心，让其毫无防备地试用产品，并告诉顾客“买不买并没关系，看看效果而已”。比如，我们可以这样说：

“先生，一样的衣服穿在不同的人身上效果却不一样。我说得再好，如果您不试一试是看不出效果的。以您的气质和身材，穿这件中号、藏青的，效果一定不错。嗯，光说不行的，一定要穿在身上才能看出效果，其实买不买真的没关系，要不您过去试试？”

2.引导客户参与到体验产品的互动中

通常情况下，单纯地劝说客户体验产品远远比不上引导的效果好。而销售员一定要在这种引导的过程中，采取一些互动措施。因为客户是不会主动告诉你自己对产品存在哪些不满的。如果没有互动这个环节，那么客户会把这些疑问搁置，结果只会是：即使客户在你介绍的过程中对产品产生兴趣，最终也会丧失这种兴趣。因此，销售员只有不断和客户互动，及时发问，才会了解客户的想法并很好地引导客户的思维。发问会让客户参与其中，对产品的感受更加深刻。

总之，聪明的销售员都会努力让顾客参与，乐在享用商品的感觉，从而由衷地称赞商品带给他的享受。作为销售员，如果你能劝服客户体验产品，就能对客户的真实想法做进一步的了解，从而能对症下药，为下一步的销售工作打好基础！

第 12 章

侧耳倾听，倾听术更易让客户信任你

作为销售员，我们都知道销售是靠嘴吃饭的行业，口才对于一位销售员来说极为重要。然而，销售更是一个相互沟通的过程，在整个销售沟通过程中，客户需要的并不是被动地接受销售员的介绍与推销，他们也要表达自己的意见和要求，也希望销售的另一方——销售人员的认真倾听。如果销售员能谨记“倾听先行”，并能做到有效倾听，那么一定能引导客户更加积极地投入到沟通当中，从而让我们的销售工作事半功倍！

会“说”还要会“听”，听出客户的需求

我们在与客户沟通的过程中，只有先弄清客户的情况，比如是否真的要购买、购买什么价位的产品等，然后再有针对性地进行销售，才能事半功倍。而事实上，很多时候客户出于防备心理，并不会道出自己的真实想法。这就要求销售员在能说会道的同时要会“听”，以便在销售中及时判断出客户的需求，从而更准确地找出应对策略，尽快完成销售任务。

刘雪在一家大型图书卖场工作。两年来，她为很多读者推荐了心仪的书籍，可以说是一位非常合格的销售员。

有一天，卖场来了一位30岁左右的男士，他的脚步停留在一堆心理学书籍旁。这时候刘雪走了过去，打招呼说：“你好，先生，您是要购买关于心理学的书啊？”

客户回答说：“我随便看看。”刘雪知道客户不愿意跟自己说话，于是她站在一旁，并没有多说什么。这位先生又在心理学书籍的书架前翻阅了很久，不知道究竟买哪一本好，显得左右为难。刘雪觉得此时时机已经成熟，于是，她再次走过去，对那位先生说：“先生，请问你想购买什么样的书呢？”

客户：“我想买心理学的书看看，但是我不知道该买哪一本好。”

刘雪：“是啊，现在心理学方面的书太多了，不知道您购买心理学书籍是出于爱好，还是其他原因呢？”

客户：“其实，我购买心理学书籍有很多因素。我本身就比较喜欢这类的书，以前没怎么看，现在想买点这方面的书看。另外，我的工作也需要掌握一

些心理学基础知识，但我对这方面是一窍不通。”

刘雪：“要是这样的话，我建议你买这本《心理学基础》，等你看完了再买别的吧。因为心理学非常难，如果书太难了，根本看不懂，还会给自己造成心理阴影。”

最终，客户选了这本《心理学基础》，高兴地离开了。

我们发现，案例中的图书销售员刘雪是个善于把握客户心理，找出客户真实需求的人。刚开始，她热情的帮助被客户拒绝，她并没有继续纠缠客户，而是等客户真正需要帮助的时候再出现。在得到客户肯定的回答后，她一边倾听，一边引导客户继续说，进而逐渐让客户主动说出自己想购买的书籍类型，从而很好地帮助顾客做了决定，完成了销售目的。

那么，具体来说，在日常工作中我们该如何倾听呢？

1.集中精力，专心倾听

这是有效倾听的关键，也是实现良好沟通的基础。要做到这些，你应该在与客户沟通之前做好充足的准备，如身体、心理、态度以及情绪等。疲惫的身体、无精打采的神态以及消极的情绪等都可能使倾听收效甚微。

2.不随意打断客户谈话

这一点很重要。随意打断客户谈话会打击客户说话的热情和积极性，尤其是客户情绪不佳的时候，打断他说话无疑是火上浇油。所以，你最好不要随意插话或接话，更不要不顾客户喜好更换话题。

3.注意客户的反馈

客户的反馈指的是客户做出的、可以识别的反应，你应该认真倾听，看看客户想要说些什么，以此调整自己的说话速度或者话题。如果你没能及时做出反应，就意味着错误的或者不完全的沟通。

4.善于激发客户的谈话兴趣

在倾听客户说话过程中，我们还应对客户做出鼓励，比如说“哦”“我知道了”“没错”等，让顾客知道你对他谈话内容的赞许。必要的回应应当在客户说完以后，因为一旦谈话被打断，一些反映顾客需求、动机、感情的事实和线索就可能被遗漏。

5.以提问的方式回应客户

简单的“是”或“不是”回答了多数封闭式提问，而变换使用开放式提问，即让顾客可以自由地用自己的语言来回答和解释的提问形式。是一种很好的获取买方反馈的办法。

可见，销售人员不仅要有一副三寸不烂之舌，更要充当一名最佳的听众，如果销售人员不善于倾听，就容易造成误解。更为严重的是会无法把握客户的真实需求，与客户的购买意图背道而驰！

在倾听中回应客户，别让客户唱“独角戏”

曾经有人说，倾听是一种能力、一种素质、一种思维习惯，更是尊重他人、关爱他人的行为，与此同时，它还是我们与顾客交往的一种有效手段。一个好的销售员需要具备的重要品质之一就是“倾听”。会倾听的销售员，往往在营销的路上能够走得更远。因此，倾听不但是我们销售员掌握客户各种信息与资料的重要途径，更是我们表达尊重的方式。并且倾听并不只是带着一双耳朵听，真正有效的倾听是需要回应的，因此，不是所有的推销员都谙于倾听之道。

销售员杰克最近要写一份市场报告，但这篇报告的资料确实很难寻找到。通过打听，他得知有一家工业公司的董事长拥有他需要的资料，于是杰克前去拜访。秘书事先告诉杰克，董事长是不会把这些机密文件交给他这个陌生的推销人员的。随后，杰克听到秘书事先对董事长说：“今天没有什么邮票。”打听后，杰克得知，原来董事长正在为儿子收集邮票。

杰克走进办公室之后，并没有提及资料的事儿，而是先从对方的儿子谈起。

“您这张照片上的人是您的儿子吧？我也有个这么大的孩子，很调皮，不过有个很安静的爱好，他喜欢收集邮票。”

听到这话，董事长两眼放光。“是吗？现在的孩子真是不好伺候，除了要给他充足的物质生活，还要时刻关注他思想动态，稍不留神就会闯祸，甚至在学校不听课、打架。尤其是男孩子，越来越不好管教了。”

“是啊，我昨天还被老师叫到学校了。”听完这些后，杰克点头回答道。

“对了，你说你的儿子也喜欢收集邮票，他通常都是自己收集？”

“是的，董事长。”

“那你比我好多了，我每天都要叮嘱秘书为我留意邮票呢！那你能把你儿子的邮票带给我看看吗？”

“当然可以，我还可以送您一些！”

“真的吗？真是谢谢！我儿子一定喜欢，准把它们当无价之宝。”董事长连连感激道。

在接下来的时间里，杰克一直和董事长在谈邮票，临走时秘书稍微提及了一下资料的事。没想到，还没等杰克开口，董事长便把他需要的资料全部给他了。不仅如此，董事长还找人来，把一些事实、数据、报告、信件全部提供给了杰克。

销售员杰克之所以能拿到自己需要的资料，是因为他从董事长最关心的问题——他的儿子喜欢收集邮票开始谈起。当他激发起董事长的谈话欲之后，他转变谈话方式，把谈话主动权交给对方，自己充当倾听者的角色。在倾听的同时，他对对方的谈话内容表达了赞同，从而引发了共鸣。可见，认可和赞同对倾听的重要性。在销售过程中，如果我们能在倾听的时候，给予对方肯定性的回答，也一定会收到良好的谈话效果。

那么，在倾听中我们该如何回应客户呢？

1.说话时与客户要有眼神交流，拉近心灵距离

陈忠是一家培训公司的经理。在过去的五年销售生涯中，他逐渐懂得了如何与客户沟通。

刚从事销售时，他曾与同事参加一次会谈，当时客户的回答是："你们的提案充满了激情，我们完全被你们眼花缭乱的PPT震住了，所以相信你们的团队在执行上同样充满激情。年轻人，好好干，你们很有前途。最后，我们需要根据你们的提案再商量一下，看看是否符合我们今年的市场策略，我们会尽快联络你们的……"原来，会谈时间只有一个小时。而陈忠从打完招呼的那一刻算起，他长达102页的PPT伴随着口若悬河的讲述占用了至少５０分钟。期间，客户几度试图说点儿什么，都被他无情地打断。

再后来，他懂得了要倾听，毕竟谈生意不是说单口相声。他收起了爱表现的欲望，但问题又出现了，他把说话的机会给了客户，可客户为什么还不满意？一个朋友开玩笑说："你那死鱼般的眼睛能打动客户？"

他终于找到了问题的症结所在，原来，客户需要的是回应。他得出了沟通的一大经验：既要让别人说，还要专注于别人所说，并用眼神加以回应。也正是这一经验让陈忠在短短的五年时间成为一名销售经理。

有人说"眼睛是心灵的窗户"，那么为什么要闭着窗户，让客户来猜心思呢？不要再抱怨客户为什么不理解你、不相信你。在与客户交流的过程中如果我们两眼空洞无神，就容易给客户留下心不在焉的印象，客户就会认为你不值得信赖。

另外，与顾客谈兴正浓时，切勿东张西望或看表，否则对方会以为你听得不耐烦，这是一种失礼的表现。如果目光游移不定就会使客户们联想到轻浮或不诚实，就会对我们格外警惕和防范。这显然会拉大彼此间的心理距离，为良好的沟通设置难以跨越的障碍。

2.理解客户的谈话，表达对客户谈话的重视

在倾听完客户的谈话后，我们要加以反馈，向对方阐明你是如何理解他的意图的。你可以使用这些话语："我刚才听你说……""我理解你主要关心的

是……”或者“……我说得对吗？”

的确，喜欢说但不喜欢听是人的弱点之一，喜欢被认同是人的弱点之二，如果你在与客户见面时，能够掌握这两个人性的弱点，让客户畅所欲言的同时获得一种认同感，你一定会事半功倍。

从倾听中读懂客户的喜好厌恶，再找到沟通重点

大量销售经验告诉我们，人们总是愿意与那些和自己有共同爱好、兴趣的人沟通，而讨厌与那些和自己有完全背离的人生观、价值观的人沟通。可见，在与客户沟通前，了解客户的厌恶与喜好也就显得至关重要，它在很大程度上是激发客户产生与我们交谈的欲望的前提。所以销售员在与客户见面时，可以先倾听，抓住客户的兴趣，再根据客户的兴趣进行重点沟通。

刘冰是一名老年保健品推销员。有一天，他来到一个新建的小区，准备进行推销工作。来到小区花园，他看到小区绿地的长椅上坐着一位孕妇和一位老妇人，他向小区保安打听道：“那好像是一对母女吧？她们长得可真像。”小区保安回答：“就是一对母女，女儿马上就要生了，母亲从老家来照顾她，父亲一个人在家里。”

刘冰也来到了老妇人和孕妇休息的地方，他亲切地提醒孕妇：“不要在椅子上坐的时间太长了，外面有点凉，你可能现在没什么感觉，等到以后会感觉不舒服的，等生下小孩以后就更要注意了。”然后他又转向那位老妇人：“现在的年轻人不太讲究这些，有了您的提醒和照顾就好多了。”听到刘冰的话，老妇人好像一下子找到了知音：“真难得你这样的年轻人还懂得这些，我都提醒我女儿很多次了，让她不要吃生冷的，不要碰冷水，她就是不注意。我曾经在医院妇产科担任护士，因为工作表现突出，还被医院嘉奖过呢……”在老妇人说这些的过程中，刘冰表现出认真倾听的姿态。

“是吗？太好了！那您肯定知道怎么照顾孕妇和小孩了。我最近也在学习关于这方面的知识，来照顾我爱人，这下子真是找到老师了。”刘冰及时回应道。

后来，他们已经把话题从怀孕和生产后的注意事项讲到生产后身体的恢复，再讲到老年人要增加营养，刘冰与这位老妇人聊得十分开心。接下来，这对母女已经开始看刘冰手中的产品资料和样品了……

我们发现，案例中的保健品推销员刘冰之所以能让这位老妇人对自己的产品感兴趣，是因为他先掌握了老妇人关心孕妇的心理，然后从孕妇应该注意的事项谈起，打开了客户的话匣子，并注意积极倾听。在获得客户的认同后，推销产品也就容易得多。

一般情况下，我们与客户刚开始接触时，他们是不会马上对我们的产品产生兴趣的，因为他们还对我们心存芥蒂。而如果我们能够在最短时间之内找到客户感兴趣的话题，然后再伺机引出自己的销售目的，那么就可以使整个销售过程充满生机。也就是说，引起客户注意，善于倾听，找出客户的厌恶与喜好，进而激发客户兴趣，让客户感到满意，这是一个好的销售开始的关键。

那么具体来说，销售员应该如何从倾听中挖掘出客户的喜好与厌恶，进而找到与客户沟通的契机呢？

对此，我们可以根据具体的谈话环境，通过认真倾听和巧妙询问，然后进行观察与分析的方式，得出客户关心的问题，继而引入共同话题。比如，销售人员可以从客户的事业、家庭以及兴趣爱好等方面谈起，以此活跃沟通气氛，增加客户对你的好感。

通常情况下，人们一般都对以下问题比较感兴趣：

客户曾经获得过的荣誉、公司的业绩等；

客户的兴趣爱好，如某项体育运动、某种娱乐休闲方式等；

关于客户的家庭成员的情况，比如，孩子的年纪和学习状况，老人的身体状况等；

某些焦点问题或者时势，比如，房价、车价、油价等；

客户内心深处比较怀念或者难忘的事情；

客户的身体状况等。

当然，除了倾听与询问等方式外，与客户进行销售沟通之前，销售人员十分有必要花费一定的时间和精力对客户的特殊喜好和品位等进行研究，这样在沟通过程中才能有的放矢。

由此可见，成功销售是有章可循、有法可依的。只要你在销售过程中巧妙运用沟通技巧，不断探索总结自身的销售心得，就能在销售交谊舞中游刃有余！

制造共鸣，让客户愿意向你倾诉

现实生活中，对于陌生的推销员，我们似乎都有一种本能的戒备心，但对于我们的朋友却倍加信任。而人与人之间为什么会由陌生人到朋友呢？因为情感的共鸣！人们都喜欢与自己有共同爱好、兴趣的人交往，而对于那些与自己“志不同道不合”的人，则会退避三舍。因此，在与客户沟通的过程中，你不妨先不谈销售，把老客户当作真心朋友，倾听其内心，多多制造共鸣这样你可能会更轻松，在业务上也会有意外收获。

有一天，乔·吉拉德接待了一位客户。这位客户对乔所推销的汽车很满意，因此乔对这位客户要买车有十足的把握，就差最后的签单了。但此时的乔似乎有点掉以轻心。

他们一路走向办公室，客户满面春色地说起他儿子来。

“乔，我儿子要当大夫了。”

“那好哇！”乔·吉拉德说。走进办公室时，大厅里几位销售员在说说笑笑。客户还在讲，而乔·吉拉德则留心着外边。

“嗨，我儿子棒不棒？”他还说个不停。

“成绩很好，是吗？”乔·吉拉德问，眼睛仍盯着大厅里的那帮人。

“班上前几名呢。”他答道。

“他中学毕业后想干什么？”

“我刚跟你说过了，乔，他念书要当大夫。”

乔·吉拉德说：“太好了。”他看了客户一眼，忽然意识到刚才一直没注意听，而客户的眼神有点异样。

“啊，乔，我得走了。”客户说完便离开了。

第二天下午，乔·吉拉德打电话到客户办公室，说：“请您回来买车。”

“噢，大人物先生，”客户接着说，“世界头号销售员先生，我要告诉你，我已经从别人那儿买了车。人家能体会我的心情，听我夸我儿子。乔，你没听我说。告诉你吧，大人物先生，有人跟你讲他喜欢什么不喜欢什么的时候，你应该听他们说，全神贯注地听！”

乔·吉拉德猛然醒悟到自己做错了事，赶忙说：“先生，如果因为这个，您不买我的车，这确实是个很好的理由。不过，我现在想告诉您我是怎么想的。”

“什么想法？”

“我觉得您很不了起。您认为我无能，我很难受。但能不能请您帮一个忙？”

“帮什么，乔？”

“希望有一天您能再来，让我有机会证明我是个好听众，我愿意为您效劳。当然，如果您再也不来了，我也不会有任何怨言。”

三年后，那位客户又来了，乔·吉拉德卖给他一辆车。他不只自己买，还介绍了好几十位同事来乔·吉拉德这儿。再后来，那个客户又从乔·吉拉德这儿买一辆车，送给他儿子吉姆大夫。

那么，销售中，我们如何在倾听中与客户制造共鸣呢？

1.带着微笑聆听，一张笑脸帮你敲开客户的心扉

乔·吉拉德说，有人拿着100美金的东西，却连10美元都卖不掉，为什么？你看看他的表情。要推销出去自己，面部表情很重要。它可以拒人千里，也可以使陌生人立即成为朋友。

笑可以增加你的面值。乔·吉拉德这样解释他富有感染力并为他带来财富的笑容：皱眉需要9块肌肉，而微笑不仅用嘴、用眼睛，还要用手臂、用整个身体。

“当你笑时，整个世界都在笑。一脸苦相没有人愿意理睬你。”他说，从今天起，直到你生命最后一刻，用心笑吧。

“世界上有60亿人口，如果我们都找到两大武器：倾听和微笑，人与人就会更加接近。”

从乔·吉拉德的叙述中，我们发现他是个喜欢微笑的人。微笑让对方对他产生好感，并信任他，从而愿意与之继续交往。

笑容始终是销售人员打动客户的地方，而客户也总是对那些面带微笑、热情的销售员青睐有加。所以说，作为销售员，我们要时常把热情变成一种习惯，学会微笑，用真诚的微笑去感染他人。经常锻炼脸部肌肉，随时都能露出笑脸。

2.倾听客户的烦恼，成为客户的知己

这天，化妆品推销员小林来到某准客户家，开门的是位年轻的太太。很明显，这位太太很不高兴，脸上还挂着没擦干的泪水，小林赶紧说：“太太，您怎么了，遇到什么伤心的事情了吗？”

客户：“没有，您是哪位，我不认识你！”

小林：“我是一名化妆品推销员，在敲开您的门之前，我是准备向您推销产品的，可是当我看到您一脸的愁容，我觉得我有其他的使命了。”

客户：“真是很感激你，其实，我没什么事。”

小林：“家家有本难念的经，我能理解。尤其是咱们女人，要操持好一个

家，努力经营好一段婚姻，真不是一件容易的事。”

客户：“你说的太对了，我的丈夫就是一个永远不知足的男人。我这么努力，家里家外忙活，他却一回来就跟我吵架，甚至连我做的饭都不吃，我都不知道该怎么办了，难道他喜欢上了别的女人？”

小林：“太太，我觉得您需要勇敢一点，要和您的丈夫谈谈，这样问题才能解决。不然即使您伤心，他也不知道啊。”

客户：“你说的有道理。我是该找个机会和他摊牌。对了，你刚说你推销化妆品，都是什么样的产品？”

……

当面对关系不紧密、甚至完全陌生的销售员，这位太太即使“心有千千结”，也不愿向小林倾吐。而当小林以坦诚的态度道明自己的原本来意和对她的关心，她对小林的防备就稍微松懈了一点点。当后来小林谈到一个女人的难处时，更让她感同身受。于是，她的心就彻底向小林敞开了，把小林当成了情感倾诉的对象，主动问及产品更是水到渠成的事。

可见，与陌生客户交谈，我们如果能善加引导，打开客户的心扉，让他对我们一吐为快，那么，不仅有利于了解其内心真实想法，还有利于拉近和客户在心理上的距离，让他更容易接受你的劝说，从而获得销售上的成功。

第 13 章

到什么山唱什么歌，应对不同顾客的销售语言大全

销售过程中，即使是很多富有经验的销售人员，也会遇到一些难缠的客户，有些客户购买产品时总是沉默不语；有些犹豫不决；有些很固执，无论你怎么说都一直摇头；有些客户比销售员还专业，提出的问题让销售员哑口无言……这些都是难缠的客户。遇到这样的客户，销售员要审时度势，充分发挥自己的口才，巧妙地化解这些客户的疑问，才能顺利拿下客户，做成生意。

如何说才能让固执型客户点头购买

从事销售行业，总是会接触到各种各样性格的人，其中，有这样一类客户：在购买商品时，有绝对“理智”的态度。然后这种“理智”却给销售员的工作带来障碍，不论销售员如何解释，他们总是保持自己的固有观点，销售员做再多的努力对他们来讲也是徒劳。对于这样的客户，不少销售员都会感到头疼，毕竟说服一个固执己见的客户点头购买商品，相对普通顾客来说会更难些。但是尽管如此，那些优秀的销售员还是能够轻松应对，让固执型的客户最终成为买家。

固执的人很少能够听进别人的解释与劝告，这就决定了销售员在遇到此类客户时的主要任务就是让客户听进劝告，使其改变固有的想法。只要能削弱客户的固执观点，那么销售员就很可能取得成功。因为一旦客户的观点有所动摇，也就证明了他已经开始接受销售员的意见和观点了。

一位孕妇来到孕婴生活馆，开始选购产品。

销售员：“您好，小姐。请问您想选择哪一类商品呢？”

客户：“这里的维生素都是可以吃的吗？”

销售员：“是的，小姐。我们这里是孕婴生活馆，一切产品对孕妇和胎儿都是没有任何危害的。”

客户：“嗯，我就是怕对婴儿有害。”

销售员：“是的。这里的产品都是经过高科技提取的纯植物型产品，不含有害物质。请问你是需要什么类型的维生素呢？我们会针对您的需要帮助您。”

客户：“我也不知道，怀了宝宝后，感觉头发有点脱落，脸色也不好。”

销售员：“哦，那您还是选择维生素E吧，它有生发，改善肤色的好处。”

客户：“嗯，医生也这么说。可是你这里的产品真的是无害的吗？”

销售员：“当然，这些都是纯植物产品，完全适合您。”

客户：“恩，应该行吧。对了，你这里有适合孕妇的防晒霜吗？医生说在吃了维生素后，还要尽量避免紫外线的照射。”

销售员：“有啊，您旁边那个货架上的都是适合孕妇使用的防晒霜，都是纯植物提炼的。”

客户：“但是我的皮肤容易过敏，曾经用过植物类型的防晒霜也不行。”

销售员：“您是如何使用防晒霜的呢？”

客户：“就是洗干净脸之后涂上啊。”

销售员：“我想您可能是使用方法不够正确。正确涂抹防晒霜应该是要先涂一层爽肤水，然后涂一层薄薄的乳液，最后才涂防晒霜。一般防晒霜和隔离霜都需要事先涂一层乳液来保护肌肤。”

客户：“但是我身边的人几乎都是直接涂防晒霜的啊。”

销售员：“因为他们没有您的皮肤这样敏感，所以您在涂抹的时候就更需要注意使用方法啊。”

客户：“我知道我过敏很严重，可能不是使用方法的问题。我只想找一款用起来比较安心的产品。”

销售员：“这是××护肤专家编写的美容秘笈，相信您对她并不陌生。您可以看一下这段美容知识介绍，这里详细介绍了关于使用防晒用品的正确方法。”

客户：“哦，那可能是我的使用方法不太正确。”

销售员：“是的。您的过敏问题很大程度都是因为使用方法不正确导致的。只要您按正确的方法和步骤涂抹防晒霜，一般是不会过敏的。对了，因为您是怀孕期，您在使用所有产品的时候都必须注意。我们这里的防晒霜还有配套的乳液和爽肤水，我建议您都用无害、无刺激的吧。”

客户：“哦，是吗？那好。这款乳液、防晒霜和爽肤水各拿一瓶吧。”

情景中的客户在购买维生素的时候，总担心是不是有害，当然，因为对方是孕妇，这可以理解。在挑选防晒霜的时候，她也总是担心会不会过敏，这名顾客总的说是比较固执的，但销售员自有一套。她抓住客户害怕产品对婴儿有害这一点，不仅成功地推销了维生素和防晒霜，还推销出去了爽肤水和乳液。其实，销售的过程就是征服客户心理的过程。客户固执也并不是没有原因的，情景中的销售员就是把握住了客户的固执点，并能够深入解决，从而取得了销售的成功。

很多销售员面对这样的客户，难免会感到不耐烦，因此也就很难掌握客户的真实需求。这样一来，不仅无法说服客户改变固执观点，还可能因为对客户态度不够尊重而失去客户。因此造成销售失败也就再正常不过了。的确，面对固执型的客户，销售员需要保持足够的耐心，要善于分析和观察客户，寻找到客户固执的本质原因，并不失时机地想办法说服客户。一旦消除了客户的固执点，那么销售就已经成功一半了。

在具体销售过程中，如何才能说服客户并让客户最终成为购买者，需要销售员做到以下几点：

1.寻找客户固执的原因

客户固执己见肯定是有原因的，销售员要做的就是找出这些原因，而不是因为客户的固执放弃销售。当真正发现客户固执的原因之后，销售就已经向成功走近了一步了。因为不论任何问题，只要找到原因，就有解决的机会。何况对于多数销售员来说，说服客户都是自己的强项。

2.用事实说话，让客户看到效果

有时候，固执型客户不愿听销售员的建议，是因为他内心已经有既定的意

见。这时候，如果销售员还使用原来的销售模式，很难让客户信服，恐怕就会流失客户。这时采取用事实说话的方式就再合适不过了。特别是通过借用一些权威人士的观点，或者是将既成事实摆在客户面前，让客户脱离简单的销售对话，使其从客观上充分地认识问题，那么客户的观点就很可能动摇。毕竟专家和事实更具有说服力。

3.不要否定你的客户

在销售中，最忌讳的就是销售员和客户唱反调、否定客户，这很容易引起客户的反感，尤其对于那些固执型客户更是如此。固执型客户所持有的观点可能并不完全正确，甚至是一面之词，但销售员还是要从这些话语中识别出有价值的一面，然后加以肯定。因为对于销售员给予的赞同和肯定，任何一个客户都是愿意接受的。

如何应对性格急躁的客户

销售员在销售的过程中会接触到各种不同性格的客户，当然，也有些客户性格急躁、脾气火爆。在与销售员交谈或者售后服务的过程中，他们都希望快速解决问题，稍有一些不满或者意见就会对销售员横加指责，甚至很多时候还表现出不耐烦、不配合。总之，让整个销售的气氛很紧张，令销售员无所适从。毕竟脾气暴躁的人不易相处，想要处理好与这类顾客之间的关系，对一些销售员来讲会有一定的难度。 但销售员如果具备较高的沟通技巧，善于缓和气氛紧张的对话局面，懂得选择适当的方式来平息客户的怒气，即便是脾气再差的顾客，也能够应对自如。

非非是一家电子产品公司的销售人员。这天，一位先生气冲冲地找到非非，说起了前一天在这里购买的MP3。

客户：“你昨天卖给我的是什么MP3，根本就放不出声音嘛！你们卖的这是什么产品？质量也太差了。”

非非：“真是太抱歉了，本来买东西是一件很高兴的事情，却没想到给您的生活添了麻烦，真是对不起。请问产品哪里出现了问题？我可以帮您进一步解决。”说着，连忙放下手头的工作。

客户：“我下载了歌，可根本没有声音。”（态度稍有缓和）

非非：“是吗？那我们来现场操作一遍看看，和您一起找找原因。”

非非让顾客在现场操作了一遍，结果他发现了问题，原来顾客的耳机根本没插好，自然听不到声音。

客户：“这，真是不好意思。”（一脸歉意）

非非：“不，是我昨天没为您安装好，责任在我。如果您在使用过程中发现有什么不懂的地方或是什么问题，尽管来找我。”

第二天，这位顾客又来找非非。不是为了别的，而是又买走了一个MP3。

销售情景中，客户气急败坏地来追问销售员非非，但非非并没有表现出不耐烦，而是心平气和地帮助客户解决了问题，并且给客户留下了好印象，带来了新一轮的生意。从非非的处理方法中，我们可以看出，面对性急的顾客，销售员一定要有足够的信心和耐心，才能够稳住客户的情绪，从而引导客户心平气和地商谈。面对性急的客户，最忌讳的就是与客户对着干，在言语上冲撞他。对顾客出言不逊，图一时之快，只会让你流失掉生意。而且，一个销售员的态度，不仅体现的是个人的素质和修养，还代表的是产品和公司的形象。对于性急的客户，如果销售员不注意自己说话的语气和态度，就有可能火上浇油，让谈话气氛变得更加紧张，销售也就容易遭受失败，而且会在一定程度上影响产品的品牌。无论面对什么客户，如果销售员不能营造良好的沟通氛围，都会对销售成绩造成影响。

那么，在销售过程中，如果遇到性急的顾客，销售员具体应该怎样做呢？

1.保持始终如一的耐心

耐心是销售员素质最好的体现，销售员要始终记住，卖出产品是最终目

的，而目的的实现与否就在于客户的情绪。只有始终保持良好态度，才能稳住客户。柏拉图说：“耐心是一切聪明才智的基础。”在任何时候，保持足够的耐心总会给人们带来意想不到的好结果，在销售领域中，耐心的作用就更加重要。懂得在销售过程中保持耐心的销售员，也往往能获得更好的销售业绩，因为始终如一的耐心能够打动任何一位客户的心。

当顾客因为一些原因表现出情绪急躁时，作为销售员，千万不能自乱阵脚，甚至表现出不耐烦，而需要拿出良好的态度，细心解决客户遇到的问题。不要总是将问题归结到顾客身上，即便是顾客的做法欠妥，作为销售员也要展现良好的个人素质，用始终如一的耐心打动顾客。

2.不要吝啬道歉

其实，性急的客户一般口无遮拦，并没有什么坏心眼，他们常会因为一些小问题发脾气。作为销售员就要学会处理好顾客的情绪，适当地对顾客道歉就是一个好方法。有一句名言说：“当场承认自己的错误需要具有相当的勇气，给人一个好感胜过一千个理由。”道歉是化解两个人之间问题与矛盾的最有效、最快捷的方法。即便一个人有再大的怒气与怨恨，当听到别人真诚的道歉时，情绪都会有所缓和。道歉会让客户看到销售员良好的素质，不仅能缓和客户的情绪，有利于销售的继续进行，还能给产品和公司树立一个好形象。总之，销售员学会道歉，与人与己都有利。

被誉为日本“推销之神”的保险推销员原一平曾经说：“赤裸裸地注视自己，毫无保留地彻底反省，然后才能认识自己。”在销售领域，顾客就是上帝。没有苛刻的客户，只有不到位的服务。任何一个销售员要想提高销售业绩，都要从自身找原因，而不能认为问题出在客户身上，但有些销售员会认为：明明是顾客的原因，为什么还要我来道歉呢，太不公平了。然而作为一名销售员，职责是向顾客推销商品，而想要将商品推销给顾客，销售员首先就要推销自己，没有给予客户一个好的个人印象，如何能推销产品呢？

所以，无论是被顾客误会，还是你自身存在问题，不管责任在谁，作为销售员，你都要首先向客户表示歉意。这样不仅能够很快平息顾客的怒气，也有利于与客户建立长期的良好关系。

疑心重重的客户，说什么能说服他

在现代社会中，虽然我们一直强调诚信原则，但还是存在一些违背这一原则的经济现象。而正是这一原因，导致了很多客户对销售员这一职业存在偏见，他们认为销售员是为了推销而推销，销售员的话决不能信。而购买产品的时候，他们更是小心翼翼，处处提防，并喜欢刨根问底。这样的态度无疑为我们的销售工作带来难度，我们只有彻底消除客户的疑虑，才会使他们信任我们。

一天，一位先生来到某手机直营店，看了半天之后，他把眼光停留在了一款最新型的智能机上。销售员小王很快迎了上来，并为其介绍了这款手机的功能以及价格优惠政策。

小王："关于这款手机的功能，刚才我已经为您展示过了，而且最近公司店庆，这款手机的优惠幅度也不小，所以这是一款性价比很高的产品。"

顾客："可是，这款手机拿在手上怎么轻飘飘的呢，是不是一摔就会坏啊？"

小王："这一点，先生您多虑了，现在的智能机的设计都是为了轻便，而我们的手机在这一点上更是采用了当今世界上最先进的×××技术。当然，我们还是要保护好手机，尽量减少摔打的可能，您说对吗？"

顾客："你说的也是，你拿出来给我试用一下吧。"

小王："好的。"

当小王为客户拿出手机后，这位先生拿在手上看了看，提出了疑问："怎么手机的颜色看起来那么怪，好像是旧的。"

此时，小王真的有点不耐烦了，但还是深呼吸了一下，然后对客户说：“这个您放心，现在流行复古样式，所以我们采用了哑光设计。”

顾客：“哦，这样啊。那行吧，给我包起来吧。”

在面对这类刨根问底、似乎总是对销售人员持怀疑态度的客户时，可能很多销售人员都会热情消退甚至不耐烦，而这种态度无疑会加重客户的疑心。实际上，如果我们能保持镇定和耐心，就如同案例中的导购员一样，即使已经觉得不耐烦，也调整心态，继续回答顾客的问题，那么在客户心中的疑虑逐渐消除后，自然也会放心购买。

还有一种情况，有些客户喜欢刨根问底是性格所致，他们无论做什么，都会做到深思熟虑，力求滴水不露。但不管什么原因，我们都要使用技巧，消除顾客的疑虑，从而实现交易。

具体来说，我们应该做到：

1.言辞诚恳

这类客户疑心重就是因为不相信销售人员。如果我们能态度坦诚，不矫揉造作，注意说话的语气，给他以坦诚老实的感觉，那么是能打动客户的。相反，如果你眉飞色舞、唾沫横飞，就会给顾客造成一种华而不实的现象，进而会把这种感觉过渡到你的产品上去。

2.不要试图对这类客户实行“利诱”

虽然很多人们都爱占小便宜，但在与这类多疑型客户打交道时，我们一定不要以为用小恩小惠就可以收买他们。这样做很容易适得其反，引起客户更深的怀疑甚至误解。所以，我们要尽量理解他们的情感，尤其是他们多方面的疑虑和意见。

3.自爆其短，换取信任

客户也明白，任何产品都不是十全十美的，如果我们一味地吹嘘产品的性能和质量，势必引起客户的怀疑；而如果我们能适当表示出对顾客意见的同意，甚至可以主动承认产品的一些小问题，当然这些问题是无伤大雅的，不会影响到产品的使用。这样，可以换得客户的信任。如："不瞒您说，我们的产品在时尚元素的追求上，还是做得不到位，但我们会努力的。"

4.拿出让客户信服的证据

如果客户总是不相信你说的话，总是半信半疑，那么你可以拿出让他信服的证据，比如，我们可以说："先生，我知道您担心产品的质量问题，这我可以理解。您看，这是我们的产品证明书和客户反馈意见表……"

总之，面对这类刨根问底、对销售员和产品不信任的客户，我们的工作重心就是要保持耐心，逐一消除客户的疑虑，从而让客户放心购买。

对产品颇有研究的客户，如何接招

从事销售工作，每天都要与不同的客户打交道，其中就不乏那些对产品颇有研究的客户。在购买商品的过程中，这样的客户因为对产品的熟识，常常对销售员的话会做更为理智的思考和回应，回以销售员的提问也更为犀利。底气不足的销售员常被这类顾客问得哑口无言、手足无措，有时候，不仅会失去生意，还使得自己和公司的形象受损。其实，让这类客户成为最终的购买者也并非不可能，这就需要我们迎合这类客户的心理，满足其"爱指导"的需求，从而自如应对在沟通中遇到的每一个问题，为成功销售赢得机会。

丽丽是一家皮具专卖店的销售员，一天，店里来了一位男士，看了几眼后，他站在了一款皮带前。

丽丽："您好，先生，来选购皮带吗？"

客户："我自己看看。"

丽丽："先生，我们是国际品牌专柜，以您的气质来说这里的皮带都比较适合。"

客户："你们是国际品牌？"

丽丽：“对，我们的皮具是意大利品牌，在款式和材料上都走欧美风。”

客户：“什么国际品牌？你以为我不知道，我也有一个朋友做这行，业内人都知道，这只不过是挂了一个意大利的牌子而已，其实都是国内的产品。”

丽丽一听，知道遇到内行了，她立刻改变策略，恭维道：“您真行！这么隐秘的事都能知道，跟您相比，我们真是井底之蛙了。不过不管怎样，我们的产品质量还是得到认可的，您说是吗？”

客户：“这倒也是实话。”

丽丽：“那先生，您觉得我们的产品还存在哪些不足呢？”

客户：“其实，你们的产品也不错，只是我觉得作为男士专用皮具，在原料供应上更应该做到精心地挑选，尽量选择那些质地优良的，才能做出高品质的皮具，才能做出档次，走出国门，成为名牌。”

丽丽：“您说得太有道理了，我们老板也一直叮嘱生产部门要注意这些。对了，您今天有看上的皮带吗？”

客户：“这条还行吧。”

丽丽：“先生，您的眼光真的不错。您看上的这条皮带有个好处就是，无论您配什么衣服，都会搭配得很好，因为它的颜色很中和。而且，今天您也很幸运，我们这里所有的皮具都打六折。你可以试一下，来体验一下实际效果。”

客户：“恩，行吧，我试试看，好看就买了。”

最后，这位客户痛快地购买了这条皮带。客户离开前，丽丽还不忘恭维道：“以后，您可要常来为我们的工作作指导啊！”

可能很多销售人员认为，遇到专业型客户就意味着销售工作进入了死胡同。实则不然，只要我们找准了销售策略，就能应付。案例中的销售员丽丽之所以能向这位客户卖出自己的产品，就是利用了客户的这种优越感，对客户进行了一番投其所好的恭维。的确，那些专业型客户因为熟悉产品，一般都不会听销售员的意见。因此，与其费尽口舌劝客户购买，还不如以请教的姿态，主动倾听顾客的讲解，满足其心理需要。只要掌握好专业型顾客的心理，买卖同样能做成。

那么，具体来说，我们该如何应付这类顾客呢?

1.处变不惊，保持良好的态度

这类专业型客户通常都会表现出一副盛气凌人的姿态，喜欢用自己的专业知识来指出产品的不足或者销售员工作不足。作为销售员，我们不能因为对方是专业顾客这一特殊身份就畏首畏尾，不敢上前接待。其实，我们如果能处变不惊，保持真诚的态度，提供热情的服务，展示自己的自信，反倒能赢得对方的好评。

2.多说恭维话

与这类客户交谈，我们不妨对他们的专业知识和渊博的学识表现出敬佩的样子，这不仅让他们狂妄的心理得到满足，也会为了表现自己而乐意向销售员传授更多知识。

3.多使用讨教的语气

这类顾客通常有很强的表现欲，一般来说，还没等销售人员正式介绍产品，就急于表现自己，他们对销售员的话会表现得很不耐烦。有时候，他们会喋喋不休地向销售员传授着专业知识，对于销售员的不足之处会无情地指出，使销售员下不了台。因此，我们可以降低姿态，以讨教的语气进行交流，利用他们好胜的心理来促成销售。

总之，我们要记住，成功销售出产品才是我们的终极目的，不管顾客如何自我感觉优越，只要我们能迎合其心理，就一定能达成目的!

第 14 章

小心慎言，决不能触犯销售中的语言禁区

我们都明白，口才对于销售来说起着至关重要的作用，然而口才并不意味着滔滔不绝、乱说一气，销售人员说话也是有禁忌的。毕竟，我们每天都会面临不同的客户，每个客户能接受的交流方式和语言禁忌都是不同的。关于什么是销售人员说话的禁忌，可能众说纷纭，毕竟，不同的顾客所不能接受的交流方式是不同的。但作为销售人员，你需要知道的一个最简单的道理就是：你最主要的任务就是用语言和顾客交流，并把话说到顾客心理，进而达到说服顾客的目的。由此可见，什么话该说什么话不该说，这个分寸的拿捏很重要。

说话时发自内心地尊重客户

在销售界流传着这样一句话：尊重上级是天职，尊重下级是美德，尊重同事是本分，尊重客户是常识，而尊重所有人是教养。其实，不仅销售员要做到这一点，任何一位职场人士都要做到这一点，尊重他人是进行良好沟通的基础，尊重他人就是尊重自己。

对于销售员来说，最需要尊重的恐怕就是客户了，但销售员同时要明白，虽然客户是上帝，但并不需要我们去膜拜，我们要做的就是不卑不亢、不俯不仰，要尊重但不能恭维。只有发自内心地尊重客户，才会赢得客户的尊重。

20世纪30年代，电在世界上并没有普及。一天，美国一家电气公司的销售员到了一户富有的农家面前，敲了敲门。开门的是个老太太，对方一听是来搞推销的，二话没说，猛地把门关了。但年轻人并没有放弃。

很快地，他再次敲门，老太太只给他开了个门缝，年轻人依然礼貌地说："很抱歉打扰了您，也知道您对用电不感兴趣，所以这次并不是来推销电，而是来买几个鸡蛋。"老太太一听，很是奇怪，一个年轻人跟她买什么鸡蛋。但她已经消除了一些戒心，把门开大了一点，探出头怀疑地望着年轻人。

年轻人看出了老太太的疑惑，继续说："我看见您喂的几只母鸡很漂亮，鸡窝里的蛋我也看见了，我想买一打新鲜的鸡蛋回城。"

听到他这样说，老太太把门开得更大，并问道："城里超市不是有鸡蛋吗，干吗非上我这里买呢？"

"因为，"年轻人充满诚意地说，"我妈妈年轻时候就是在乡下住的，她吃不惯城里的鸡蛋，她就说这里的蛋好。”

这时候，老太太已经把门全部打开，走出门口，态度温和了许多，和年轻人聊起鸡蛋的事情。年轻人指着院里的牛棚说：“夫人，我敢打赌，您丈夫养的牛赶不上您养鸡赚钱多。”老太太被说得心花怒放。长期以来，她丈夫总不承认这个事实。于是，她把年轻人视为知己，带他去鸡舍参观。年轻人边参观边赞扬老太太，并说，如果能用电灯照射，产的蛋会更多。老太太似乎不那么反感了，反而问年轻人，用电是否合算。当然，她得到了完满的解答。

两个星期后，年轻人在公司收到了老太太寄来的用电申请。

这名年轻人乍看有拍马屁之嫌，但实则是对老太太的赞美，而且是一种尊重，与拍马屁有实质上的不同。

销售员尊重和认同客户并不是阿谀献媚，而是一种发自内心的体贴和关怀，是一种内涵和教养。每一个人都需要被尊重，只有你尊重客户，对方才会以同样的态度对你。就如同案例中的销售员一样，对客户说赞美之言是发自内心的，是对客户的尊重。

那么，尊重客户应该从哪几个方面入手呢?

1.尊重要发自内心

只有从内心真正地尊重客户，才有尊重客户的行动。所以，销售员必须牢记：“每个人在人格上都是平等的。”千万不能看不起客户，更不能当着客户一套，背里又一套，否则客户能看出来你的诚意是虚假的，你也会因此失去这个机会。

2.说话时以诚相待

在与客户沟通时，一定要以诚相待，让客户感觉到自己备受尊重，反过来，客户也会敬重你。尊重可以表现在：

（1）言语间的尊重，即吐字清晰、音量要适中，不能给客户趾高气扬的感觉。

（2）客户是上帝，无论客户提出什么问题，都要态度端正、微笑、愉快地回答，不要质问客户。

尊重客户说话的权利，别抢话也别插话。每个人都渴望被倾听，尤其是那些话语较多的客户，你的倾听会让他有一种被重视的感觉。相反，如果你总是打断他，他会觉得自己的话被人忽视，甚至可有可无、不值得一听。这样，即使你说得天花乱坠，客户没有感受到你的尊重，也不愿意听下去。

3.体现你的素质和修养

销售员的一言一行，甚至不经意的一个眼神都传达着销售员的素质和修养，而且也和销售结果有着密切的关系。销售员在与客户做生意的时候，一定要恭而有礼，这体现的不仅是修养，更是对客户的尊重。笑脸相迎、礼貌坐姿、热情待人、礼貌送行、严格守时，这些都是销售员应该学习的基本行为规范。

4.千万别戳穿客户的假话

每一个人都有自己隐藏的一面，情场高手李敖大师曾讲：“千万别去戳穿情人的谎言。”这在销售中也是一样，有些客户很要面子，有时候也会撒一些谎。对于这些谎言，不管是善意的，还是恶意的，销售员都不要去戳穿它，自己心里知道就行了，否则就是让客户下不来台，结果只能是客户拒绝购买。所以，销售员千万不要以能戳穿客户假话的精明而感到自豪，其实，这不过是小聪明而已，有时聪明反被聪明误。

5.包容你的客户

人与人之间是有差异的，对于同样一件事可能会产生不同的意见和想法，而尊重别人的意见就是尊重那个人。在销售中，销售员可能会与客户意见相左，不管谁是谁非，销售员都要包容客户，保留他的意见，可以告诉客户：“您的观点也是有道理的，我不反对”等。当客户的意见得到了尊重，他也自然会包容你，甚至会被你的气度打动。相反，试图改变客户固执的意见无异于冒险，不留情面地告诉客户的观点和看法是错误的更是沟通中的一大禁忌。

总之，尊重客户是一名优秀的销售员应具有的品质。当然，对于那些存心找麻烦，故意摆谱的客户，销售员也不能一味地礼让，要理直气壮地表达自己的观点，这样很有可能化干戈为玉帛。也唯有如此，才能赢得更多客户的信赖和支持，才会赢得客户对你的尊重，从而使交易进展得更加顺利。

客户某些看似反驳的问题不必一一回答

任何一位销售员都希望销售过程顺顺利利，都害怕客户的刁难或者拒绝，但这些是不可避免的，任何一次销售活动都可能存在客户的异议。甚至可以说，销售员碰到客户拒绝的可能性远远大于销售成功的可能性。实际上，出于对销售人员的防备之心，除非顾客对产品很感兴趣，否则，拒绝都是他们的本能反应。即使他们对产品感兴趣，也会提出很多让销售员无法回答的问题。而有时候，面对客户的某些看似反驳或者拒绝的问题，我们不必要一一作答。

研究表明，客户拒绝销售员往往是习惯使然。这和大众的性格有关，大家一般都对现状不满意，渴求改变，但又对新事物抱有抵抗情绪。出于对新事物的不够了解和不能把握等原因排斥新事物，大多数情况下宁可维持现状。

所以，销售员在和客户沟通的过程中，面对客户提出的一连串问题或者反对的话，有时完全可以忽略。如果纠缠在这些问题上，只会阻挡我们销售的进程。我们要做的就是越过这些问题，深入进去，找到客户真正拒绝的原因。具体来说，有以下几种情况：

1.客户称自己没钱

小马是某名牌大学的研究生，在被某公司正式录用前，他被派往销售前线实习一个月，和底层推销员们一起跑业务。但不到半个月，公司就解聘了他。为什么会出现这样的情况呢？

原来，他有个致命的弱点，那就是无法接受客户的拒绝。当他面对客户直截了当告诉他“我没钱买保险”时，他心想，没钱还能怎么样，算了呗。结果，客户都是愤愤地离去。

案例中的这位销售员之所以不能成功，是因为他没有摆正心态，无法接受客户的拒绝，面对客户“没钱”这一无关痛痒的拒绝无法做出回应。实际上，让客户发现自己的需求，收回其“不需要”“不感兴趣”等拒绝原因，正是我们销售员的工作，而不是用言语进行辩解。

不得不说，“没钱”很多时候只是客户的一种借口，如果客户对产品产生一种紧迫的需求，没钱的借口就不攻自破。因此，销售员不必因为客户提出“没钱”的异议就否定这次的推销。如果出现了这种情况，只说明你对客户的需求启发不够，对产品给带来的益处让客户明白得不多。

2.客户对产品感兴趣，却指出某些小问题

某茶具店来了一位顾客。

销售员：“先生，这套茶具您觉得怎么样？”在销售员说时，顾客上下打量着茶具，露出欣喜的表情。但顾客却回答：

“你们这套茶具的做工实在很差，我真不知道，这样的产品，你们也敢拿出来卖？”

销售员：“谢谢您的建议，在茶具的做工方面，我们会尽力提高的。您能否对我们产品做工提些具体的建议，比如哪些方面的做工存在问题呢？”

顾客：“它的厚度不够，我觉得这个很不结实。”

看到顾客听得聚精会神，十分专注的样子，销售员说：“先生，这套茶具的制作工艺非常精湛，您刚刚一定也通过我的介绍对它有了一定的了解。我想您是否还有些其他方面的问题呢？”

顾客：“这个，我还是觉得颜色不太好啊。”说此话时，顾客的眼睛从没离开过产品，并且流露出喜欢的目光。

销售员：“先生，这套茶具是限量生产的，现在就剩下一套了。收藏的话可以说就是绝版了。而且，如果您能在闲暇时间用它来品茗的话，一定会给您增添不少乐趣。”

顾客："这倒是，那你们能不能给我打个折？"

销售员："这请您放心，凡是来购买我们产品的，都有八折优惠。"

最终，这位顾客购买了这套茶具。

我们可以看出，销售案例中，这位顾客是精明的，看上了产品却并没有表现出来，而是称产品做工差。他对产品挑剔，无非是希望销售员能为自己打个折。正是看出顾客对产品的喜爱，销售员首先肯定顾客所谓的"意见"，然后引导顾客说出具体的"做工差"的表现。但实际上，销售员并没有直接回答顾客的这些问题，而是抓住顾客想购买的心理，以"限量生产"的回答来激发顾客的购买欲。而最后，顾客终于说出自己的真实意图，而很明显，他的顾虑是多余的。

在销售员和客户沟通的过程中，往往会遇到很多类似这样的问题。比如：一位客户似乎对一款家电感兴趣，但在决定购买前，突然指责家电上的一些小问题。其实客户所指的问题很可能是他想要降价的借口，而不是问题本身。这样的异议是不需要回答的，如果解释和争辩只能使问题越来越乱。

3.客户称只看不买

这类客户在与销售员刚见面时，便会先发制人地说："我只是看看，不想买。"或者称"我不需要"。这是销售员在推销伊始经常遇到的客户的拒绝方式，人们似乎已经把其当成一种拒绝销售人员的口头禅与挡箭牌。

有统计数据表明，近80%的顾客对现有的产品或者服务感到不满意，但不想采用任何措施去改变现状；有85%的客户实际上没有非常明确的需求。

事实上，这类客户虽然持否定态度，只不过是因为他们本能的心理抗拒而已。一般来说，对于客户的这种态度完全不必在意，因为他的话并非发自真心。只要我们主动一点，亲近客户，那么客户的抗拒心理自然就消除了。因此，可以说这类客户是最易成交的类型。

诚信至上，做不到就别轻易对客户承诺

做销售最重要的就是讲诚信，要做到“言必信，行必果”。面对顾客，我们不应该轻易许诺，如果答应了顾客的请求，就一定要做到，否则会失去顾客的信任。

而在日常销售中，一些销售员为了能吸引顾客，或者为了使客户尽快地签单购买产品，无论客户提出什么样的要求都先答应下来，甚至主动向客户许诺自己做不到的事情。当客户要求实现当初的承诺时，销售人员并不能兑现，这就引来了客户的不满和抱怨，以至于有时客户会取消当初的订单。每当这种事情发生的时候，销售员所损失的不只是某个客户，而是作为一名销售人员应该有的诚信。之后，谁还会与这样的销售员合作呢？

因此，作为销售人员，我们一旦许诺了顾客，无论你有多忙，也不论有多么重要的事等着你去做，你一定要遵守自己的承诺并且去做好它。而对于那些没有把握的事情，就不应该轻易许诺；对于那些顾客主动提出的要求，如果我们不能做到，也要诚恳地向顾客道歉，并说明原因，切不可不了了之。

菲菲是一名工艺品推销员。这天，在门店工作的她遇到了一位头发斑白的老太太，老太太盯着柜台上的一块老怀表看了半天。很明显，她想买走这块表。

菲菲也看出了老太太的心思，便询问到：“老人家，您是想买这块表，对吧？”

“是的，我老头子就快过生日了，他很早就想要个这样的礼物。可是，这块表好几百块，我身上的钱确实不够。”菲菲是个心地十分善良的女孩子，看到老太太难堪的样子，她赶紧说：“阿姨，您身上有三百五十块没有？是这样的，我们店里的销售人员每年都有三次的折扣机会，打七折。您用我的折扣卡打折，就能省一百五十块。您看这样行吗？”

“是吗？你真是个好姑娘，真的太感谢你了。”

菲菲的这笔生意很快做成了，最令她高兴的是，她结识了一位忘年交。这位老太太后来为她介绍不少顾客，都是她的老街坊、老姐妹，菲菲的生意也好了很多。

我们发现，在现实的推销中，也会出现推销员菲菲的这种情况。客户确实想购买，但却因为某些客观原因，比如预算有限而无能为力，所以想要你在支付时间上给予宽松的余地。此时，你不妨再问询更高一级的领导人员，为客户说说情。这样，即使上级不答应，客户也不会怪罪于你。而如果你能为客户争取这一特权，那么，客户也会万分感激。

销售员随便就对客户做出承诺，到头来吃苦头的还是自己。那么销售员怎样才能避免类似的情况发生呢？

1.在条件允许的情况下，给予客户能够兑现的满足

有时候，我们发现，客户确实想购买，但却因为某些客观原因，比如，预算有限，无能为力，所以想要你在支付时间上给予宽松的余地时，此时，不妨在问询更高一级的领导人员，为客户说说情，这样，即使上级不答应，客户也不会怪罪于你。而如果你能为客户争取这一特权，那么，客户自然也会大加感激。

2.礼尚往来法拒绝

如果客户提出了需求，你想让他明白你不能答应他，就采取一种“礼尚往来”的策略，提出他不能接受的条件。这样对方就会知难而退，转而由你来控制局势。

3.补偿法拒绝

对于客户提出的某些要求，我们无法满足时，虽然不可轻易许诺，但可以通过满足客户其他方面的要求，来弥补这一不足，比如：以赠品来拒绝降价就是补偿法拒绝的最好体现。

4.无奈地拒绝

有时候客户会提出一些让销售员无法兑现的条件，为了推销成功而做出无

法实现的承诺是不明智的。这时销售员应本着诚信的原则，无奈地表示拒绝，这样反而会获得对方的信任和同情，使成交顺利进行下去。当然，拒绝客户也要讲究方法，不能伤害了客户的感情而彻底失去客户。对此，我们不妨利用这样的话术：“对不起，这个已超出了我的权力之外，请见谅……”“如果法律允许的话，我也同意。”向客户委婉指出他的要求已经超出了自己的能力范围，既向客户表达了拒绝，又能求得客户的谅解。

总之，作为销售员，一定要记住这三点：说到要做到，不能做到的不要轻易许诺；每一次承诺都是向顾客证明你的诚信；每一次实现承诺都会增加顾客对你的一分信任。

心态平和，始终耐心地为客户讲解

任何一个销售员，都希望自己能顺利完成客户开发的工作，进而为成功销售奠定基础，因为一旦销售业绩无法完成，就会面临许多困境——收入减少、地位下降，甚至是失业。因此，在向准客户介绍产品的时候，我们多半是带着一种压力的。但是，欲速则不达，如果在销售压力之下不能保持一种耐心和从容的心态，不顾具体的销售情境以及不同客户的特点而急于求成，往往会造成准客户的拒绝。更为重要的是，耐心地向客户讲解关于产品各方面的知识，也是体现我们职业素养的重要方面。试想，当你对准客户的疑问不耐烦时，他又怎么会愿意与你合作呢?

化妆品销售员小王没有完成上个季度的销售任务，如果这个季度还不能完成销售任务，她就会被公司降级。于是，在这次登门拜访的推销中，她显得有些着急。

小王：“今天我向您推荐的这套化妆品最近刚刚投入市场，也是我们公司花了几年的时间研制而成的。不仅具有很好的美白功效，而且还能抗衰老……

这套产品是我们这段时期销售最好的，客户口碑很不错。我看小姐的皮肤应该属于中性的，这套产品非常适合您。”

客户：“你刚说这套化妆品有什么作用？”

小王：“我刚不是说清楚了吗？因为这款产品中含有从天然植物中提取的美白成分，可以从源头帮助您抑制黑色素。”

客户：“我觉得我的皮肤不怎么适合。”

小王：“您到底要买什么样的产品呢？”

客户：“对不起，我现在很忙，以后再说吧。”

这则销售案例中，客户最后拒绝了小王的推销，这是为什么呢？仔细看来，其实问题出现在小王介绍产品的过程中。刚开始，她满腔热情地为客户讲解，但这位客户似乎没有听懂，小王因此变得不耐烦，但她还是继续说明产品的功效。尽管这样，这位客户还是提出了异议，而在这种情况下，小王似乎已经完全忘记了对方是被称为上帝的客户了。“您到底要买什么样的产品呢？”这一句话彻底让客户失望了，于是，小王被拒绝了。

当我们苦口婆心地为客户介绍产品，希望客户能被我们的介绍打动的时候，出于各种原因，有时可能是销售员的介绍过于专业，客户无法理解，有时可能是客户对你的介绍不感兴趣或者不信任，客户会表现出不置可否或者不理解的态度，但此时正是体现我们职业素养的时候。如果你能做到继续耐心讲解，那么便会打消客户的芥蒂，成功吸引客户；而如果你和案例中的小王一样，性格急躁，则会使得客户产生厌烦和警惕心理，从而达不到沟通的目的。

那么，销售人员如何做到心态平和地为客户耐心讲解呢？

1.树立平常的心态

对于最终能不能达成交易，导购员要保持平常的心态。即使顾客即将购买，也不要喜形于色；当客户产生异议或者已经拒绝时，不要存在紧张或害怕的心理。这样的话，你就会情绪稳定而使语调平稳，从而流畅地与客户对话。

2.语言表达清晰、稳重

在销售中，语言表达的轻重缓急也是很有讲究的，该让顾客听清的地方就要缓一些，不重要的信息可以一句带过。如果张口结舌或连珠炮似的大讲一通，顾客就会感到一种急迫感，从而觉得你不够专业，心生怀疑。

3.声调清晰而洪亮

每个顾客都希望接待自己的导购员精神饱满，充满热情。如果他听到导购员有气无力、含含糊糊的话语，购买热情肯定会降低。所以，和顾客打交道时，导购员一定要打起精神，说话的时候喉咙不要紧绷，要运用吸进去的空气使喉咙发声更清晰明朗。

4.适时的沉默

作为一名导购员，要在与客户交谈中了解到客户的心理，然后再做出针对性的回应。这就需要导购员懂得适时的沉默的重要性，因为有的客户在做出购买决定之前会认真思考，他们不愿意自己受到打扰。这时，销售员应该保持沉默，给客户冷静思考的时间。如果仍然急迫地企图通过语言来左右客户，就会自讨苦吃。

总之，销售工作最需要的就是恒心和坚持，没有哪一次的销售工作能一次成功，都需要不断坚持。

第 15 章

春风化雨，言语间化解客户的种种抱怨

在销售过程中，我们每天都会遇到形形色色的顾客，也会遇到各种各样的投诉问题和顾客的抱怨。可见，一次成功的销售并不是以顾客付款提货为标志，而是以顾客对销售员和产品始终如一的满意为标志。面对顾客的种种抱怨，我们只有保持微笑，以良好的态度，耐心地倾听，从顾客的角度分析问题产生的原因并加以解决，才能让顾客感受到重视，才能有效化解顾客的抱怨，让顾客满意而归！

找到客户抱怨的原因，对症下药进行化解

因为人们购买的产品不同，购买的时间、地点和使用状况不同，就可能对产品产生不同的意见，其中，不乏抱怨。客户的不满意可能表现在很多地方，从产品到服务，再到承诺的异议，客户都可能产生不满。任何客户的抱怨都是可以化解的，关键是看你是否有较高的技巧。这就要求我们先了解客户产生抱怨的原因，针对不同的原因，采取不同的应对措施。

这天，一位女士气冲冲地找到某电器商场的销售员。

顾客："我当初就是在你手上买的空调，买的时候，我看你的态度还是可以的，但你们公司的售后服务也太差了吧！这么大热天的，我们家空调坏了，几次打电话催着修都拖拖拉拉……"这位顾客一股脑儿地抱怨。

销售员："真是不好意思，让您受罪了，我代表公司的售后部门向您道歉。一般来说，在我们公司，这种情况真是很少出现。也不知道是谁接到您的电话，但他的工作真的没有做到位，希望您谅解。"销售员一直面对微笑。

顾客："算了，我也不跟他计较了。"

销售员："您看这样行吗，我现在就通知公司的售后部门，立即为您维修空调。下次您来购买产品的话，我一定为您打最低折扣。这次真是我们的疏忽，很抱歉。"

顾客："没关系啦，你不必这样道歉，这也不是你的错。你服务态度这么好，以后再买电器，一定找你。"

很明显，案例中的顾客对售后态度有所不满，对此，销售人员先是任由顾

客发泄情绪和抱怨，等到顾客冷静下来后，再诚心诚意地道歉，最后帮助顾客解决问题。销售员以“下次您来购买产品的话，我一定为您打最低折扣”这一承诺让顾客重新表示肯定，从而成功地留住了顾客。

可见，销售人员在处理客户抱怨的时候，一定要有灵活性；一来是不要让客户的情绪影响了你，让你也变得生气起来；二来要以平静的心情听完客户的抱怨，从中找准问题产生的原因，然后采取针对性的解决措施。

那么，具体来说，我们该怎么做呢？

1.找出客户产生抱怨的原因

要做到成功化解客户的抱怨，首先就要了解清楚客户抱怨的原因。客户抱怨的问题常有以下几种：

（1）产品自身的原因，比如：商品用途狭窄、无法使用、商品功效减退或消失等。

（2）售后服务上的问题，比如：售后态度不好、售后服务不及时等。

（3）客户自身的原因，比如：客户没有按照产品说明书的要求正确使用商品，或者机器的使用程序颠倒；或者客户受到外界因素的影响，对产品产生误解等。

当然，客户产生抱怨的原因并非只有以上三种，具体原因需要我们在处理抱怨前就挖掘出来，方便我们对症下药，加以解决。

2.对症下药，消除客户的抱怨

（1）客户对产品不满意。针对这一点，我们一定要重新树立产品在客户心中的形象，重新诉求产品的卖点，让客户觉得买得值。

（2）客户由于使用不当造成问题。对此，我们一定不要将责任加于客户身上，而应该归咎于自己，承认自己没有把情况说明清楚，然后再向客户重新演示产品的正确使用方法。

当然，关于客户的这一抱怨，我们完全可以避免。那就是，当客户购买产品后，我们应详细告诉客户要仔细阅读产品的说明书，以及使用产品时，按照产品说明书上的要求正确使用。

（3）关于服务上的抱怨。关于这一抱怨，销售员或多或少地有些责任。有些销售员在听到客户提出关于服务抱怨时，经常会用“客人很差劲”“最近消费意识抬头，客人的要求越来越多，真是拿他们没办法”“消费者保护法是把消费者宠坏的法律，对我们而言根本很难做到”等理由来责怪客户。这种处理方式是万万不可的。对此，我们一定要保持良好的态度，表达对客户的尊重。直销界流行这样一句话：“客户永远是对的。”要让客户对我们的印象改观，良好的服务态度就是你最有力的证明。

因此，销售员面对客户抱怨的时候，一定要先冷静地分析、查明真相，并且思考如何处理，确实找出客户是因为哪种不满而产生抱怨的，然后针对具体原因加以解决，使客户满意而归！

客户抱怨“产品降价，我买亏了”，如何应对

现代商业社会瞬息万变，消费市场亦是如此。受到各种因素的影响，就连产品的价格也可能每天都不一样。商家为了促进销售量，会不断出台各种优惠政策。于是，未免经常会听到顾客有这样的抱怨：“我买的时候那么贵，现在这么便宜了，才过一个月，这太不像话了，你们要给我补偿差价。”面对顾客一副得理不饶人的样子，销售员要如何应对呢？是置之不理，还是随便找个理由应付顾客，或是利用自己的口才说服顾客呢？销售员如果应对得体，既可以避免一场纷争，又可以赢得回头客。

在某商场电子产品专卖区，一位小姐气势汹汹地找到销售员。

销售员：“小姐，您好，欢迎您再次光临。今天您来选购什么产品呢？”

顾客：“是这样的，我是想问一下，为什么我上次在这儿买的MP4还没到一个月，价格就降这么多？你们得赔偿我差价。”

销售员："小姐，您先别急，我非常理解您现在的心情。您一定觉得价格降了这么多，您买得不划算，其实，还是有很大区别的。像您购买的这种播放器，功能强大，外形靓丽，颜色多样，在您购买时我们这个柜台可是独一无二的啊，可以说您是一位时尚达人了。而现在市场上的确出现一些和我们产品差不多的播放器，价格也便宜很多，但您是这款产品的引领者，您应该觉得高兴才对啊，您说对吧？"

顾客："嗯，你说得也对。"

和案例中的顾客一样，任何一个顾客在自己购买的产品降价太快时，都会感觉吃了亏，上门找销售员理论也是情理之中的事。文中这位销售员针对顾客的抱怨，给出一个独特、合理又让心服口服的解释，这种做法值得我们效仿。

具体来说，我们需要做到：

1.理解顾客，认同顾客的情绪

如果我们是顾客，当遇到此类吃亏的事，内心肯定也不平衡。如果我们能如此设身处地为顾客着想，就能以理解的态度与顾客交谈，顾客也愿意把你当成倾诉的对象，彼此之间的距离也就会拉近。那么，任何抱怨都能化解。

2.对顾客的抱怨以诚相待

为了顺利地化解顾客的抱怨，重新赢得顾客的信任和认可，而不至于影响到公司的整体形象和信誉，销售员需要以真诚的服务态度打动顾客的心。如果销售员在处理此类抱怨时，心不在焉或者搪塞敷衍，那么你的态度只会火上浇油，激化顾客的情绪，不仅得不到顾客的信任，而且还会招致顾客反感，甚至影响到顾客对产品的认同。

3.不要推卸责任

面对顾客关于产品降价太快的抱怨，有些销售员会这样回答："哦，我知道你说的，但是这个价格公司是说了算，又不是我定的，我真的没办法赔偿您这个差价。""电子产品本来就是降价快，这一点您应该知道呀。"很明显，这种回应的态度是在把责任推给公司和顾客头上。把责任推给公司，虽然转嫁了矛盾，但把产品卖给顾客的始终是销售员自身，所以这种方法不仅不能成功解决问题，反而有损于公司的整体利益。另外，把责任推给顾客自身，是一种指责。所以，在解决客户关于产品降价的抱怨时，永远也不要推卸责任。无论原因在哪，销售员都要以负责任的态度来回答，让客户看到你的诚心，对你心服口服。销售员应在能力范围内，满足客户所有的合理要求。这不仅能挽回客户，还能树立良好的口碑，吸引众多的新客户。

4.保持微笑

无论顾客的情绪多么激动，你的微笑都能安抚他的坏情绪。俗话说："伸手不打笑脸人。"即使客户再怎样咄咄逼人，销售员也要时刻保持微笑，以心平气和的状态与客户交谈。

5.快速处理抱怨，尽量让顾客满意而归

在处理抱怨的过程中，销售员需要认真收集所有的信息并快速整理分析，以保证当顾客的抱怨发泄完，要求一个答复的时候，能马上给客户一个满意的交代，从而再次赢得客户的信任。需要注意的是，这个过程一定要快，否则只会让客户越来越远。

总之，在面对这类顾客时，销售员应更多地从顾客的角度出发，安抚顾客的情绪，而后再为顾客讲明降价的原因。

客户在抱怨中缺乏耐心如何安抚

我们知道，销售员是产品与顾客之间的一座桥梁，其任务是把产品顺利并优质地推销到顾客手中，让每位顾客的购买需求得以实现，并把顾客对产品的感受、服务信息等方面的内容反馈给公司，促使公司更好地为顾客服务。在顾客的反馈信息中，自然少不了投诉和抱怨。比如，我们就经常听到顾客对销售员处理问题的速度不满意："你们处理问题的效率太低了，我没有耐心了。"很多销售员都害怕面对这种情况，因为这需要浪费不少精力和时间来解决，如果处理不好还有可能导致局面僵持或是矛盾升级，容易对产品及公司的信誉造成影响。但是，想要做好销售员，就必须学会处理这种情况。其实顾客前来讨说法的情况看似很难处理，但是只要掌握一定的沟通和销售技巧，还是能够妥善解决的。

销售员：“太太您好，今天您想了解哪些产品啊？”

顾客：“我不是来听你介绍的，上次我在你这里买了一件衣服，居然有个地方开线了，我就拿到这里来修补。结果等了几个星期，我来了好几次，还没补好。你们处理问题的速度也太慢了，我都没耐心了。”

销售员：“太太，您先休息一下。真是不好意思，都怪我上次没注意，麻烦您跑好几趟。这几天店内的生意太忙，所以可能接到衣服的人就把这事儿给忘了，我现在马上就拿去给您修补。请您稍等一下。

顾客：“那好吧。”

过了一会儿，销售员把补好的衣服拿给顾客，满怀歉意地说：“真是抱歉，太太，这都是我的错。您看这样行不，我免费为您办个会员吧，以后您来购买的话，我都给您打个折。”

这时，顾客的脸色已经好多了，听到销售员的这句话，马上笑着说：“好吧，以后你们得多注意这方面的问题。”

案例中，这名顾客因为公司处理售后问题的效率慢而产生抱怨，面对这种情况，这位销售员首先反复强调这是自己的失误，向顾客诚恳地道歉；在安抚了顾客的情绪后，他就顾客提出的问题给予了圆满的解决，并开出优惠条件来稳住顾客，从而保证顾客的再次光临。

在一些销售员看来，售后问题的处理是售后部门的任务，面对这种抱怨，大可简单、直接地告诉顾客，这不是自己的责任。但作为销售员，你要知道，你是公司的一份子，你的一言一行都事关公司的整体形象和声誉。如果你这样回答只能让顾客感觉是在推脱责任，容易激起顾客更大的不满，甚至让顾客对整个公司的服务态度产生质疑，从而有可能引发更大的争论，对于解决问题没有任何积极作用，这样的做法也常常发生在那些经验不足或是新入职的销售员身上，而那些优秀的销售员很少遇到这种问题，即便是遇到了，他们也会迅速解决，让客户微笑而归。

那么，针对这类问题，我们该如何处理呢？我们可以掌握以下几个步骤：

1.安抚和道歉

作为销售员，不管顾客抱怨时态度如何，甚至说了一些不堪入耳的话，你都要冷静下来。你要做的第一件事就是平息顾客的怒气，缓和他们的不快，并向顾客表示歉意。你还得告诉他们，公司将会立即处理他的问题，尽量在最短的时间给他一个满意的答复。

2.认真倾听顾客的抱怨和事情的详细经过

其实，很多时候，客户在投诉时提出的一些问题并不是什么大问题，甚至对于如何解决问题也没有太多意见，他们最看重的是销售人员或公司对这件事的态度。他们抱怨处理问题的速度慢，也是因为他们认为自己没有被重视而已。如果能对投诉的客户抱以尊重的态度，认真听他们的抱怨，在很多时候，问题已经解决了。

3.快速反应

用自己的话把顾客的抱怨复述一遍，确信你已经理解了问题所在，而且对此已与顾客达成一致。如果可能，请告诉顾客你愿想尽一切办法来解决他提出的问题。

4.尽量对顾客作出一些补偿

这里的补偿包括心理补偿和物质补偿。心理补偿是指服务人员承认确实存在着问题，也确实给顾客造成了伤害，并真诚道歉。物质补偿是指给出“让我们现在就作些实际的事情解决这个问题”的承诺，如经济赔偿、调换产品或对产品进行修理等，尽己所能满足顾客。

当然，除了做到以上几个步骤外，解决问题的最根本办法就是提高工作人员包括销售员的工作效率。工作中，凡事分个轻重缓急，问题处理起来也就既紧张又有序了。

处理客户抱怨时应避免一些言语禁忌

销售过程中，我们销售的产品不可能完美无瑕，我们的销售工作也并不是对所有的客户来说都尽善尽美。有时候，销售员工作中的某个环节出现了问题，就难免会引发客户对销售员销售的产品或者服务发生抱怨，这是正常的事情“因为客户从销售员那里购买了产品，如果出现产品在正常使用期内发生故障或者售后服务没有跟上等问题，而向销售员诉说不满，是理所当然的。面对客户的抱怨，销售员必须加以正视，不可犯某些言语禁忌，因为一旦触怒原本已经心存抱怨的客户，那么，我们的销售工作就将更添阻碍。

某女士在某商场电器专区购买了一个豆浆机，可只用了三个多月就坏了，于是她找到销售员，要求维修或者赔偿。

销售员：“小姐，上级有规定，如果不是我们的VIP用户，那么保修期是三个月。超过三个月为您维修是要适当收费的，所以这个要求确实满足不了您，请您见谅。”

客户：“是过了保修期，可我都没怎么用就坏了，难道你们都不管？别的公司大多都是保修六个月。你们的服务质量太差了，我要找你们经理。我看你就是想多收钱，把你们经理找来，我要当面和他说。”

销售员：“真是对不起，我非常理解您的心情，不过我们公司规定是三个月，员工手册上明确地写了我们的服务范围和规定，您来看一下就知道了。不过非常感谢您的建议，我会将您的想法向上级反映。如果出了新的规定，我会马上通知您，您看好吗？”

案例中，面对顾客的无理取闹，销售员完全可以理直气壮地说：“明明是三个月保修期，我是按照规定为您服务的，您怎么可以这样不讲道理？”或“我们的保修期就是三个月，您找经理也没用啊。”但他没有这样做，因为这样应对无疑会激化顾客的情绪，进而影响公司的形象和声誉。所以他采取的方法是：先向顾客道歉，并对顾客的心情表示理解；然后向顾客出示产品保修期的规定，令顾客无话可说；最后，他继续表达了对顾客感受的理解，从而平息了顾客的怒气。

当然，除了推卸责任外，一些销售员还会触犯其他的言语禁忌，具体来说，包括以下几种：

1.批评、埋怨客户

客户永远是上帝，也是销售人员的衣食父母。所以，当客户对产品或者服务提出抱怨时，销售员千万不要同客户争执，而应该冷静地倾听客户意见，虚心地接受批评，了解到客户意见的重点，坚决避免与客户发生争执或直接指出客户的错误。

不论客户对你的产品提出什么样的批评、如何的不满，销售员都永远不要和客户争执，最好是先接受他的指责，了解客户抱怨的原因，然后掌握客户心理，为消除客户的不满寻找方法。

2.使用攻击性语言

俗话说："好话说人三冬暖，恶语伤人六月寒。"作为销售员，无论客户的抱怨是否在理，无论他说什么针对性的语言，我们都不要以攻击性的语言应对，不然轻则引起客户的不满，重则会让你乃至公司形象受损。

3.使用推卸责任的话

遇到客户投诉时推卸责任是客户服务的大忌，但在实际中会经常遇到销售员这样说："抱歉，我很希望能够帮您的忙，但是我们公司规定这些是属于客服部门的。"难道公司的规定是用来禁止帮助客户的？这是除了"不"字以外，最令客户感到刺耳的话。相反，如果我们告诉客户："先生，这个问题是因为错误操作造成的，说明书上有详细的操作方法，但在您购买东西的时候我没有详细讲解给您听，实在抱歉。我现在讲给您听好吗？"这样一来，客户反而会感到不好意思，甚至表现出感激。

总之，无论客户态度如何，销售员都应先设法控制自己的情绪，友好、礼貌地对待客户，在态度上先给客户降火，然后逐渐了解问题的来龙去脉，消除问题和矛盾。

第 16 章

讲价有方，销售中的价格障碍如何消除

销售人员把产品卖给客户，自然要谈到价格问题，也就免不了要讨价还价。与客户的讨价还价，考验到我们的语言能力，我们在游说的过程中，必须把握一点：要“王婆卖瓜自卖自夸”，突出产品以及与产品销售相关的所有优势，让顾客由衷地产生一种“仅此一家，别无分店”“花这种钱值得”的感觉，否则结果将是说而不服。

讨价还价中应掌握的几点原则

价格异议是销售活动中最常见的异议，一个优秀的销售员除了会将产品完整、全面地介绍给客户外，还要会讨价还价，处理各种价格异议，而这就需要销售员掌握一些技巧。下面是一个精明人自述自己讨价还价的故事。

那次，公司组织员工去云南旅游。我和几个同事一起逛街，由于爱好不同，后来就分了。我看上了个立式的台灯，我当时就想买下来，觉得这台灯放在客厅的茶几上刚刚好。

“多少钱？”我问。

“500元。”

“100元！”我说

“天哪！”小贩用手拍着前额，做出一副要晕倒的样子，然后看着我，“200元。”

“100元。”我没有表情。

“天哪！”他在原地打了一个转，又转向旁边的摊子，对着那摊子举起手里的台灯喊：“他出100元！天哪！”又对着我说：“最低了，我卖你150元，结个缘，明天你带朋友来，好不好？”

我笑着耸耸肩，转身走了，因为我口袋里只有150元，如果出到150元，那我坐车回去的钱都没有了。我才走出去四五步，他就在后面大声喊：“120元，120元啦！”

我继续走，走到别的摊子上看东西，他还在招手：“你来！你来！我们是朋友，对不对？我算你110元，半卖半送！”

我往前，走出了摊贩聚集的地方。

突然一个小孩跑来，拉着我往回走。原来是那摊贩派来的，想把我拉回那家店。“好啦！我要休息了，就100元啦！”

现在，每次我看到茶几子上摆的这个台灯，就想起那个小贩。我常想，我为什么能那么便宜地买到？因为我坚持了自己的底线。

我也想，他为什么会卖？想到这里，我又不是那么得意了，因为这100元一定也在他的底线之上，搞不好80元他也卖。

情景中小贩的错误之处，就是让客户摸出了价格的底线。其实，客户和销售员在还价的时候，打的就是一场心理战。销售员要想以理想的价格拿下客户，就必须掌握好客户的心理，然后抓住一些技巧，敲定生意自然水到渠成。那么，销售员在与客户讨价还价的时候，要坚持什么原则呢？

1.讨价还价前先整体规划

销售谈判决不能打无准备之仗，正如人们常说的“凡事预则立，不预则废。”销售人员一定要做好还价前的充分准备，可以采取一些具体步骤以保证自己在还价过程中的总体意图的贯彻。例如，可先做好下面的准备工作。

一张提问表：把客户可能提问的问题都列出来，然后再列出最佳的回答方案。

一张让步底线表：按照合同或者公司的规定，列出在客户还价后，需要坚持的几条底线，在这个底线范围内，是销售员要努力的目标。比如，一张按合同条款形式写出乙方原则上不能做出让步的问题和交易条件；一张包含乙方可以考虑让步或给以优惠的那些具体项目，最好附上数字，形成一个阶梯式的让步和范围。

一张谈判方案表：在每场谈判中，变数都是存在的，仅仅列几个客户提出的问题是不够的，还需要准备几个不同谈判方案的应对策略。

2.机动处理、灵活应对

销售员要学会在谈判的过程中探测对方，然后根据客户具体的购买情况调整自己的谈判策略，总之，要学会机动地处理问题。比如，刚开始，销售员可以这样澄清自己的立场："人尽皆知，我们的化妆品是国际品牌，一直畅销国内外市场，因此我认为这款新产品的价格最起码是239元，当然，如果订货多，交货时间还是可以快些。"接着可以澄清一下对方的观点："您刚才谈到每款239元，我觉得您这是最高价格吧？"总之，销售员不能死守自己的报价，否则会引起对方的反感，甚至是愤怒，导致对方反唇相讥和谈判的告吹。销售员可以在价格外给客户方便，比如：交货方式、付费方式甚至是售后服务上；也可以在价格上做让步，但对客户订货量有要求。总之，这些谈判方式都是在多样中寻求统一，目的就是创造出对自己有利的条件。仍以化妆品交易为例，如果销售员希望买方以现汇支付，而客户希望以其他方式支付。销售员就可以谈判："您看这样行不，你们再加五十万的订货量，我和经理商量一下。"如果这样回答，无论客户做出什么决策，都是对销售一方有利的。

以上种种策略没有设计谁也没有攻击谁，这样可友好和睦地推动探测阶段的顺利发展。

3.适量让步

适量是指让步不要过快、过多，因为人们总是比较爱惜难以得到的东西，或者付出了艰苦努力所取得的成果。谈判中，如果一下子让步太多，就会使人觉得我们地位软弱，反而增强了对方的信心，使对方掌握谈判的主动权。但让步还是要有一定的速度或数量，使对方得到一些好处，看到最终成交的前景，为在其他重要的交易条件上订立对我们有利的合同条款奠定基础。

掌握销售中的报价技巧

任何一位顾客都知道一份价钱一分货的道理，但在现实销售中，当顾客听到我们报出的价格后，为什么总是觉得价格太贵，无法接受呢？其实，如果我们能在报价的时候注意方式，比如采取分解价格或者由顾客自己报价，那么顾客接受起来将会容易得多。

某西餐厅要批发进一批牛奶，进货员与牛奶工厂老板在餐厅就牛奶价格交涉起来。

客户："你们厂的牛奶是什么价格？"

工厂老板："是这样的，我们的牛奶每包算下来给你一个进价吧，两块二一包。我们调查了一下，这种牛奶的市场卖价可是三块，也就是说，一包牛奶你们可以赚八毛，一两包是小事，可是积少成多，你们就赚大了。"

客户："可是，你们产品的质量如何？隔壁厂的牛奶才两块呢。"

工厂老板："不知道您注意到没有，在采用的保鲜技术以及牛奶的口感方面，我们厂做的算是业内最好的，我们坚持用质量和品质来赢得客户。质量上您绝对可以放心。"

客户："好吧，我买下这批牛奶了。"

案例中，这位销售人员的精明之处就是在报价的时候并不是采取整体报价，也就是不报出一批货的价格，而是将这批货的价格分解，这样，客户就会感觉到便宜。相反，假如他直接报出这批牛奶的价格，那么势必是一个相对庞大的数字，对方可能会因为价格问题而产生异议，阻碍成交。

可见，在销售过程中的报价问题上，销售员不可太过直接，有时候换个方式报价，客户接受起来就会容易得多。

那么，具体来说，我们该怎样委婉报价呢？

1.先谈价值再报价

这种方式的运用需要我们把握好沟通的进程，要在客户提出价格问题前就让客户对产品的价值产生认同感。随着销售员对产品价值的一次次强化后，客户感觉物有所值，报价也就不再是问题了。

2.价格分解法报价

这种方法是将产品的价格以小单位来报价。比如，如果客户需要购买一台空调需要5000元，你可以这样告诉客户："你这台空调的使用年限是二十年，也就是一年才250元，一天才不到一元钱，非常划算。"如果是销售一瓶30毫升、价值210元的香水，你可以做拆分计算，告诉客户只要喷上一毫升，仅仅需要7元钱，就能持续一整天的香氛。

3.模糊报价法

模糊性报价一般以整数的形式出现，通常会比实际价格要低一些，主要是为了吸引客户的注意力，争取机会，顺利进入谈判阶段。在谈判中随着产品价值等因素的一次次强化，客户也就非常容易接受实际价格。

4.引导法报价

这种方法是利用先入为主的语言，迎合客户力求低价的心理，引导顾客接受你的报价。如："您今天很幸运，我们做活动，比平时便宜……""价钱不贵……""最近比较便宜……"等。此外，在报价时，声音要响亮清晰，态度要坚决干脆，让对方感觉这就是最低价。

5.选择合适的报价时机

选择合适的报价时机是我们成功销售的一大要素，但关键在于如何能找到这个时机。大量销售员的经验表明，最佳的报价时机必须具备下列两个条件：

首先，客户对产品有充分的了解。其实每个客户都会对产品价格产生异议，这也是人们购买产品时普遍存在的心理。只有在客户了解产品的具体情况后，能够理性地看待产品价格了，我们再报价效果会更好。

其次，客户对产品有急切的购买欲望和热情。如果客户的购买热情并不强烈，除非是价格很有吸引力，否则，即使销售员主动报价，客户也会不为所动。倘若价位对客户来说比较高，那么，这个客户肯定会流失。

利用这些技巧，相信我们的销售工作一定能顺利开展。要注意的是，无论生意是小是大，我们都要做长线生意，不能乱开价，也不能咬死不让，这样我们才能把产品卖出满意的价格，同时与客户保持良好的关系。

有时不妨让客户出价

在销售过程中，商讨价格是个不可避免的事情，很多时候商品的价钱都是在买卖双方的探讨中定夺下来的，只有买卖双方在平等互利的情况下探讨价格，销售工作才能更为顺利的进展。然而有些销售员为了能赚取最大利润，总是抱着商品价格主动权不放，不做出一点让步，不给客户一丝一毫的余地，使客户时刻处于被动，因此造成客户流失的情况。如果销售员不给客户决定价格的机会，客户的购买心理会在一定程度上受到限制，很可能会转身离开；如果不给客户出价的机会，就容易给销售工作带来一定的局限性。因此，在进行销售工作时，销售员要给客户一定的空间，在适当的时候让客户出价。

一个女孩走进一家名牌鞋店，转了几圈后，在一双亮丽的红色靴子旁站住了，并仔细地看了起来，这时销售员迎了上来。

销售员："你好，小姐。这双靴子是今年的新款，而且它的颜色是今年最流行的，也是我们店才进的，是主打产品呢。"

客户："这是皮制的吗？"

销售员："对，这是纯牛皮的。穿起来非常透气，也很舒适，而且护理保养也很方便。如果您喜欢可以试穿一下。"

客户："可是我怎么看也不像纯皮的啊。皮制的靴子怎么会这样呢？"

销售员："这双靴子是纯牛皮的，只不过是做成了漆皮。这种漆皮现在特别流行，特别是搭配一些流行服饰，都会非常漂亮，而且清洁方便。如果靴子脏了，只要用打湿的棉布轻轻擦拭就可以了，既方便又实用。"

客户："哦，是吗？这靴子多少钱？"

销售员："499元。"

客户："那么贵！"

销售员："其实对于一双纯皮的靴子来说，这个价钱还是比较划算的。我看你挺喜欢的，而且应该很适合你。光我说不管用，你先穿上试试效果，如果你觉得效果好我们再商量。”

客户试过商品之后，销售员说：“看！你本来就很苗条，穿上这双靴子看起来就更显身材了，走在街上回头率一定很高。”

客户：“不过价格有点贵，我有点接受不了。”

销售员：“我想你这么时尚的女孩一定知道我们的货都是出口国外的，质量绝对有保障，难得这双靴子是今年的新款，又这么适合你，如果你穿出去，绝对会有很多女孩羡慕。”

客户：“但是我还是觉得有点贵……”

销售员：“其实这双靴子特别受欢迎，但是因为数量有限，所以我只是推荐给那些穿起来好看的女孩。前不久一个女孩想要400元买下，和我谈了很长时间，我也没卖。那你给出个价，看看你想多少钱买。”

客户：“400元也不卖？”

销售员：“对，这个是最低线了。”

客户：“那450元吧，我也不和你讨价还价了。”

销售员：“好的，我帮你装起来。”

情景中的销售员之所以能将产品卖出去，是因为她在价格上给予了客户一定的商量空间。的确，适当地让客户出价，让其获得一定的决策权，是销售工作得以取胜的一个方面。当销售员给予客户一定的主动权之后，客户就能获得一定的心理优势，销售工作也就更容易展开了。

在销售过程中，让客户出价是一种销售手段，也是缓解销售紧张局面的方法。销售员让客户先了解到商品大致的价格及质量情况，再让其出价，给对方一定的主动权，让买卖双方的关系活跃起来。这时，明智的客户一般都能够根据情况给出一个相对合理的价格，销售工作也就能够更为顺利地进行。

那么如果销售员让客户来出价，需要注意哪些问题呢？

1.了解客户的购买情况

一个人的知识水平和购买能力等情况，一般都是通过一些外在的因素体现出来的，比如：一个人的外表、谈吐、表情等方面。这些或多或少地表达出其内在的思想动向，当一位客户在购买商品时，也会通过这些方面表现其对产品的购买动向。因此，在面对客户时，销售员要善于观察客户的一举一动，从中获悉客户的身份、出价水平和购买商品等信息。通过分析客户的身份、动向等，销售员可以据此决定让客户出价的时机和方式。

那些购买目的明确，且对所购商品及其相关领域了解甚多的客户，一般有着较为丰富的业内知识，在商品价格的衡量上也有着较为准确的定位。对于这类客户，销售员只需要做足商品介绍，给出一个价格范围，然后让客户出价。一般而言，这类客户的出价都会在合理的范围之内。

2.给客户一个价格区间

在销售时，有些销售员在使用让客户出价的方法时过于轻率。因为在购买商品时，每一个客户都希望商品物美价廉，所以在没有让客户认识到商品的价格范围和质量时就让客户出价，往往容易导致客户出价过低，销售失败也就在所难免了。

无论客户是专业人士还是业外人士，作为销售员都要在销售过程中给客户一个大致的商品价格范围。这种价格范围并不是简单的数字范围，而是需要销售员通过向客户介绍商品以及相关领域的情况，将商品划定入一个相对稳定的价格圈，并使这种价格圈成为客户衡量商品价格的参考。当客户对商品价格的衡量受到这种价格圈的影响时，大多会出一个相对合理的价格。

报价后客户嫌贵如何应对

可能是出于对销售员的防御心理，无论销售员报出什么样的价，客户总是会认为“太贵了”“不合算”“别人比你卖得便宜”。客户嫌产品贵，是几乎所有销售员会遇到的问题。但是有时价格已经很合理了，客户仍旧“嫌贵”，这也是困扰不少销售员的问题。遇到这种异议时，销售员切忌回答“买不买随你便”“你不识货”或“一分钱，一分货”之类的话。因为客户永远是上帝，无论客户购不购买，都不能用这样的说辞。这种话就像一把利剑，很容易伤害客户的自尊心，甚至激怒客户，引起矛盾，从而对销售造成不利影响。那么，我们怎样应对客户的价格异议呢？

一位网通公司的推销员在刚落成的一片小区内推销网络服务，许多刚刚入住的居民前来询问。

客户：“多少钱能通网啊？”

销售员：“安装费是每户300元，网络年费是980元。”

客户：“也太贵了吧！”

销售员：“听起来确实有点贵，不过您仔细想想，加上安装费每天就3元钱，无限制上网时间，非常划算。如果你觉得年费不合适，你可以看看季度费，每季度400元，还有月费，每月才150元。”

客户：“嗯，这还差不多。”

很明显，这位销售员第一次报价的方式非常不妥当，但之后他转换了报价的方式，顺利地解决了客户的价格异议。他不仅将昂贵的网络费用拆分成小单位，消除客户对高价的排斥感，还适时地提出了另外两种收费方式。客户只要稍稍计算，就看到了实实在在的便宜。实际上，价格还是一样的，销售员只是帮客户分解了一下单位时间的成本，让客户感觉降低了价格。

那么，在面对客户嫌贵的情况下，我们应该怎么办呢？具体有以下几种方式：

1.婉转否定法

面对客户嫌贵，销售员切不可直接回绝，否定客户的意见或者指责，否则无异于把客户推到了门外。其实，面对任何异议，我们都不能否定，应该先认同客户的感受，获得客户的好感，让对方感觉你和他是一个阵营的，然后再告诉客户产品贵的原因，毕竟客户也知道“一分价钱一分货”的道理，他购买的是价值而不是价格。比如，销售员可以说："的确，可能我们的产品是贵了点，但是……"这样，客户在心理上也有个过渡，比较容易接受。面对客户说出"你们的电器也太贵了吧！"我们看看下面两种回答方式：

回复一：

销售员："的确有点贵，很多前来选购的客户都这样认为，我自己也承认这一点，但是那些客户在使用前和使用后却是不一样的反应。当他们使用以后，就不这样说了。他们发现，这种电器质量非常好，每年不必花多少维修费，更重要的是它的噪音很小，不会影响员工的情绪，更不会打扰到周遭的居民。我相信您一定会用得非常满意。"

回复二：

销售员："许多人都这样认为，但它之所以那么贵是因为它的材质、质量、使用年限以及售后服务方面都非常优越。先生真有眼光，您可以先试试，绝对不会让您失望。"

我们可以明显看出，在上面两种答复中答复一比答复二好得多。第一种答复中，销售员首先肯定了客户的异议，这样就能安抚客户的情绪，客户才会继续听我们继续听下去。在此基础上，销售员把产品的优势顺势推出，就能让客户在一种很舒服的状态下，接受我们的意见。

2.分解价格法

情景中的销售员就是运用的这种方法，它是按产品使用时间的长短和计量单位的不同来报价，把庞大的价格化整为零，隐藏价格昂贵的威慑力。这种方法使价格分散成较小的价位，实际上并没有改变客户的总支出，但却比总报价更加容易被人接受。

3.比较法

产品与产品之间打的不仅是价格战，还有质量、性能与其他方面的较量。当客户告知你的产品比其他家贵时，我们可以用比较法突出产品的优势。就是将同类产品进行优势对比，突出自己产品在品质、性能、声誉、设计、服务等方面的优势，让客户知道贵有贵的理由。其实，这也是在用转移法化解客户的价格异议。人们常说“不怕不识货，就怕货比货。”在比对当中，客户一目了然，自然会选择物有所值的产品。

然而，在实际销售中，当客户告诉销售员“你们的东西就是比别人的贵”时，恐怕有很多销售员都会很不客气地回敬一句：“一分价钱一分货，你要是不满意，那你就去他那儿买吧。”这绝对是销售的大忌，无异于赶走了客户。我们应该像案例中销售员那样，灵活地突出自己产品的优势。要注意的是，在比较的时候千万不能贬低竞争对手，小肚鸡肠的销售方式会给客户留下不良印象。

如果你销售的产品是同行业中品质最好的，那么你完全可以和对方说：“是的，我们的产品是比较贵，奔驰不可能卖桑塔纳的价，您说是吗？”

对于那些购买后存在附加成本的产品，我们也可以通过分析产品附加价值的优势，让客户接受较高的报价。比如在汽车行业，我们就可以在维修、售后服务以及是否省油等方面入手，让客户看到产品的长远价值。

价值要加起来说，价格要分开来说，这样才能消除客户对高价的排斥感。同时，在与客户沟通时，一定要胸有成竹，只有销售员对产品充满自信，客户才可能对你的产品放心。

掌握几种应对客户讨价还价的对策

价格是买卖双方都很重视的因素，价格上是否能达成共识，也直接关系到交易是否能成功。销售人员针对价格问题，要灵活变通，只有说服客户改变观点，才能化解价格异议。

某商场在进行空调促销活动，凡是购买该产品的客户，都能享受到商场赠送的电饭煲。整个促销活动如火如荼地进行着。

这时候，一个老太太走到促销员小王面前，对小王说："我如果不要电饭煲，你们就便宜200块钱，行不？"

小王是新来的销售人员，不知道该怎么办，只好对老太太说："不好意思啊，不能这样，你要不要看看便宜的空调？"

老太太一下子拉下脸来，转身走了。小王莫名其妙。

要想有效地规避客户的讨价还价，就需要销售人员发挥自己的聪明才智，遇到不同的客户，使用不同的解决方法。这里就涉及客户的分类、报价的方式、时间和地点的选择等一系列的问题。

有以下四种情景：

1.客户始终认为优惠不到位

这类客户一般对产品并不了解，他们在砍价的时候是漫无目的、不着边际的。对于这类客户，销售员完全可以在报价的时候就报高一点，这样，才会给自己留出足够的空间来应付客户的砍价。另外，让步的幅度一定不能过大，可以慢慢地让步，让客户感受到优惠。

此外，销售员在面对这类客户的时候，要做好打持久战的准备，因为这类客户一般不会轻易达成交易，他会在认为自己已经占够了便宜的情况下才偃旗息鼓。因此，销售员一定不能大幅度地让步，因为人们都有越是不容易得到的东西越是珍惜的心理。如果销售员轻易妥协，就会让客户觉得你仍然可以继续让步，甚至怀疑你刚开始报出的价格的真实性。这样，销售员就失去了在谈判中的主动地位，这无疑会助长客户砍价的气焰。但同时，销售员让步必须有一定的量，这样才会让客户有一种胜利的喜悦。客户一高兴，签订协议也就水到渠成了。

2.礼品是次要的，只要降价

这类客户是实在型的，面对这样的客户，你不妨和他说："按照一般原则和商场规定，我们这里是不允许这样的情况出现的，但您稍等一下，我帮你问一下经理，看能不能给您一个特例。"

这样，即使结果和客户想象的不一样，他也一样会感激你，因为你为他做了努力。很自然，他就会拿着礼品，买下产品。

3.产品存在瑕疵，应当降价

这类客户一般喜欢吹毛求疵，无论产品本身是否存在问题，他都会找出问题，然后借机杀价。即使销售员做出让步，他还是不罢手，紧紧抓住产品的弱点，最大限度地砍价。对于这种客户，销售员不妨把自己的产品与同类产品比较，或者采用其他方式淡化这种缺陷，让客户明白你的产品在同类产品中的优势或者让客户忽略这点小瑕疵。

4.认为自己是老客户，应当享受优惠

这类客户是爱贪小便宜的，通常情况下，他们都会以自己是老客户为借口要求降价。这类客户这样做无非是出于两个目的，要么是真心想购买，但是希望通过这种方式获得优惠；要么根本不打算购买，只是为了探探价格虚实。

销售人员可以告诉他："我也想为您效劳，可是这是商场的规定，不然对其他客户就不公平了，你说是吗？"另外，你可以借此机会，拉拢到更多的客户："哦，这样啊，我们商场今天有个活动，就是两人或三人一起购买的话，会享受到八折优惠……"诚心想买的客户会立即被这样的优惠诱惑，成为我们的客户源之一。

所以，在与客户讨价还价的过程中，销售员一定要灵活应对，要掌握客户的心理。只要本着"不亏老本、不失市场、不丢客户"的原则，所有问题都不是一成不变的。另外，销售员一旦和客户达成协议，就要马上签订协议将其套牢，不给对方一丝反悔和变卦的机会。

第 17 章

实现成交，巧言促成最终交易

我们都知道，销售的目的是为了实现成交、获得利润。在具体的销售过程中，成交也是最后一道关卡，直接关系到销售的成败。聪明的销售员能够以双方满意的价格将产品卖给客户，靠得就是自己的头脑。所以，做一个销售场上的有心人，就要掌握更多的成交技巧，将自己的知识、经验和创意融合成语言，进而将话说到客户内心深处。只要做到这些，无论你手中有什么产品都不愁卖不出去。

识别成交信号，迅速提出成交要求

作为一名销售员，拥有良好的沟通能力是必要的，同时也要具备一定的观察能力。许多销售谈判最终失败并不是因为销售员没能有效地说服客户进行购买，而是客户已经做好了购买的决定，但销售员却没能及时发现他们发出的这些成交信号，结果轻易地错过了大好的成交机会。

很多经验不足的销售新人，在面对客户发出的成交信号时，仍然不明就里，甚至会错意，导致了销售的失败。可见，对销售人员而言，如何第一时间识别顾客发出的成交信号，并在此类信号的基础上继续努力，把销售进程向成交的方向引导，是需要一定的技巧的。

李婉是一名网页推广员，在一次销售谈判中，她发现客户一直紧锁着眉头，还时不时地针对产品的质量和服务提出一些反对意见。对客户提出的问题李婉给予了耐心、细致的回答，并针对市场上同类产品的不足强调了她所在公司的竞争优势，尤其是针对客户比较关心的售后服务方面，她还强调了自己所在公司的客服上一季度获得了所在区域代理商前三名的优异成绩。在她向客户一一说明这些情况的时候，她发现客户对她的推荐不再是一副漠不关心的模样，他的眼睛似乎在闪闪发亮，这时，李婉知道她说到了客户的心坎儿上。于是她趁机递上了合同，走到客户旁边，客户果然拿起笔签了字。

销售员李婉之所以能顺利销售并成交，主要是因为她善于观察客户，从客户的表情中识别出了成交信号。的确，每个人的性格不一，对于是否购买的问题也并不是所有人都用语言来表达。因此，销售员应该具备敏锐的观察力，从客户的表情中识别客户的真实想法。

那如何成功识别顾客的成交信号呢？

1.成交的语言信号

（1）对产品挑三拣四，总是认为产品有不如意的地方。事实上，这类客户不是真的认为产品不好，而是希望可以通过提出意见来为自己争取最大的利益，也就是人们常说的“挑剔是买家”。如果客户对你的产品毫无意见，那么说明他们对产品根本就没兴趣。

（2）称赞其他售货方的产品。作为销售员，你要明白，客户并不是真正欣赏别人的产品，因为果真如此的话，客户就没必要与你费口舌而直接购买其他销售员的产品。客户违心的称赞也是为了能在购买中得到更多的便宜。

（3）询问价格上的优惠，比如：产品有没有促销或者打折活动。还有些客户，希望通过加大订货量或者是团购的方式来获得价格上的优惠。所以，当客户询问这点时，一般就代表已经决定购买。

（4）询问产品的售后、保养、维修、送货时间等问题。客户在询问这类问题前，其实已经决定购买，只有问清楚这些，才会有安全感。

（5）问付款方式，如：定金还是全款，分期还是全额等。

（6）客户直接向销售员表达自己对产品的满意。

2.成交的表情信号

（1）客户始终把视线放在产品上，这是因为客户对产品有兴趣，想对产品有更多的了解。

（2）客户的嘴部轮廓开始放松下来。一般来说，嘴唇紧闭是紧张的表现，放松则表示令其紧张的问题已经解决。

（3）表情中透视着热情、自然的意味，这表明客户对产品不再冷漠、怀疑和拒绝了。

3.成交的动作信号

（1）客户开始变得躁动。如果客户由刚开始的面无表情或者是抱胸等动作逐渐转变为四处看看，或者开始打量产品等，就说明客户已经开始对产品产生了购买意向。

（2）客户开始放松下来。一般在决定购买前，客户会在买与不买上产生一种纠结的情绪，一旦确定下来，心里一般就如释重负，自然在行为动作上会表现出放松的状态。

（3）客户的双脚显示出他的真实心理。很多时候，人们在撒谎的时，其身体的某个部分会出卖他们，比如双脚。如果客户拿“离开”作为威胁条件使销售员降价，但他的双脚根本没有离开的举动，那么他很明显是在撒谎，说明顾客还是在测商家的价格底线。这时候，谁能坚持到最后，谁就是赢家。

4.成交的进程信号

（1）转至更为严肃的交谈场所。这样做体现了客户对你们交谈内容的重视。比如，客户邀请原本在公共区域的到会议室，就表明开始有购买意向了。

（2）销售人员在订单上书写内容做成交付款动作时，顾客没有明显的拒绝和异议。

（3）向销售人员介绍真正的决策人，如：主动向销售人员介绍“这是我们主管”“我们家的所有购买行为都是我太太做主”等。

当然，客户不同，销售的阶段不同，客户所发出的成交信息也是不同的，但聪明的销售员会根据具体情况，仔细观察，不断揣摩与分析，从而成功地识别出客户的成交信号，拿下订单。

销售人员在识别了顾客的成交信号后，一定还要注意：

（1）不要过于木讷，以至于客户向你发出了成交信号后，你仍浑然不觉，导致客户的流失。

（2）准确地识别客户的成交信号。要知道，错误的识别客户的信号和没有识别出是同样的效果，并且这完全是在浪费时间和精力。

（3）要善于观察和分析，谁想购买产品都不会直接说出来。

必要时对客户欲擒故纵，加速成交进程

在推销的过程中，有些销售员为了把产品卖出去，使出了浑身解数，却没有什么成效，这是因为他们急于成功，没有经过严谨的思考。凡事欲速则不达，只有用头脑指挥行动，才更容易成功。欲擒故纵这一方法就是抓住了客户想要购买，却由于一些原因迟疑不决、疑虑重重的一心理。

一个小男孩在马戏团打工，工作是卖冰汽水。由于买汽水的人很少，他想出了一个办法。他向在坐的每位观众免费赠送了一包花生米。由于花生米是咸的，一些观众吃后开始口渴起来。就在这时，小男孩提着爽口的柠檬冰水挨座叫卖，几乎所有拿过免费花生的观众都买了他的柠檬冰水。就这样，柠檬冰水全部卖完了，还赚回了花生米的本钱。

这个小男孩就是第一次世界大战时期的大富翁哈利。

这个销售故事让我们想到了“欲擒故纵”这个成语。众所周知，诸葛亮七擒孟获，就是军事史上一个“欲擒故纵”的绝妙案例。诸葛亮七次生擒孟获又一次次释放，最终感动了孟获，孟获表示不再造反。从此，蜀国西南安定，诸葛亮才得以举兵北伐。这对销售人员也有很大启示——做生意要有长远的眼光和大胆的想法，适当的时候要学会欲擒故纵。

那么，销售人员具体该怎么做呢？

1.给客户限制思考的时间

比如，告诉客户：“我看要不今天就到这儿吧，××公司的赵总也等着和我谈这事呢。”这是利用了客户害怕失去的心理，如果他不在一定的时间内做出决定，他将会失去产品。聪明的客户在权衡之后，一般会当机立断，达成交易。

某家电公司参加广州交易会洽谈生意，但门可罗雀。该公司的总经理审时度势，想出了一个“欲擒故纵”的高招。第一天，他们在办公室前挂出了“第一季度订货完毕”的牌子；第二天，牌子上又写着“第二季度货已订满”；第三天挂出的牌子是“请订明年的货”。顿时，该公司洽谈处门前挤满了人，客户们纷纷前来订货。

2.虚张声势，制造假象

日本有一家专门生产尿布的公司，开业之初，尽管做了宣传也无人问津。公司经理多川博灵机一动，让公司的工人排队去买尿布，长长的队伍吸引了众多行人，造成了一种抢购气氛，引来了好多从众型买主。随着产品的不断销售，人们逐步认识到这种尿布的优越性，销路迅速打开，多川博也成了世界的“尿布大王”。

比如，你可以告诉客户：“最近我们公司的销售额已经达到××，这一事实证明了我们产品的可信赖度。在这一领域，我可以说，应该是我们的产品做得比较好了，因此和我们合作的公司数量最近已经明显上升。”当客户听到这样的表述后，自然会认为如果和其他厂家合作的话，会不会不划算？同样，聪明的客户也会在有效的时间内达成交易。

3.适当地刺激客户

当你看见有顾客看上商品而因为价钱游离不定的时候，你不妨说：“您要是觉得价格贵而不能承受的话，我们这里还有价格稍微低一点的。”当客户听到这样的话的时候，一时兴起，一般都会排除顾虑，买下商品。

总之，销售人员要想打开高质量产品的销路，也需要动一番脑筋。但在欲擒故纵的时候，销售人员一定要注意：

（1）不要显得不可一世，否则会激怒客户，而导致生意失败。

（2）什么时候都不能伤害到客户的自尊。

（3）要不动声色，这样即使是计谋，也不会被客户察觉，才会更有把握达成交易。

以退为进，以适当的让步留住客户

销售过程中，经常遇到这种情况：销售员苦口婆心，说尽了产品的好处，但客户始终坚持自己的意见，双方难以商定出一个满意的价格。其实，当价格谈判僵持不下、客户毫不松口的时候，销售员不妨采用迂回的战术，以退为进，以适当的让步留住客户。

一位营销专家曾经说过："谈判并非是一条直线，而是一个圆。销售员处于这个圆上的某一点，我们的目标是到达圆内的另一点。当我们无法朝着一个方向直线前进的时候，我们完全可以转个身，退后几步，从另一个方向跨越障碍到达目的地。"一些销售工作之所以失败，也往往是由于销售员在销售时缺乏变通，不懂得以退为进，浪费了不少口舌却得不到客户的点头。因此，当销售员凭借单纯的产品介绍和热情的服务无法赢得客户的青睐时，采用以退为进的谈判法往往能让销售工作快速取胜。

小王是某建材公司的销售员。一次，他同一个房地产公司的采购负责人进行谈判商榷。

销售员："您对于我们的产品还有什么想要了解的吗？"

客户："大致情况我都知道了，你们的产品不错，但是我觉得你们的产品价格还是偏高，如果你能再降些价，我们可能会认真考虑。"

销售员："我想对于我们产品的质量您是十分清楚的，您刚才也承认了，我们公司的建材产品之所以这样受欢迎，完全得益于良好的质量和信誉。我们的产品在业界的声誉已经有很多年了，可以说是老字号了，您完全不用担心质量问题。而且我们还会为你们的装修工程提供多种解决方案，从设计方案到材料的各项配置，我们都可以提供全程服务。您觉得这价位合理吗？"

客户："你们的产品和服务的确不错，也很吸引人，和你们合作自然放心。可相对于我们的预算，还是有点贵，如果能再优惠一些我会考虑的。"

销售员："如果能降，我当然会给您降的，但是，您知道目前各个行业的原材料都在涨价，我们这里自然也不例外，我们的利润已经非常低了。”

客户：“但这价位还是贵。”

销售员：“这样吧，我们都谈了那么久了，总不能让您白跑一趟。我们每件门窗的降价范围即使是老客户也不能超过50元，我给您降50元。但是，我们必须先拿到70%的首付，三个月内还清，其他条件不变，您看怎么样？”

客户：“哦，行，那就这样吧。”

情景中，销售员小王运用以退为进的方法，达成令双方满意的成交结果，并为公司争取了到了首付资金。从这个案例中，我们明白，在销售过程中要善于变通，不要一条道走到底。有时候，我们不妨退一步，缓解紧张的谈判氛围，减小损失，获得最大的利益。

销售员对客户让步并不意味着妥协，相反它是一种手段，是一种快速取得销售成功的智慧。在销售中使用以退为进的方法，往往能够更快地到达目的。

当然，让步也需要掌握尺度，一些销售员为了获得销售成功，往往会过早地在商品价格上做出让步，或者一次做出大的让步，使销售工作陷入毫无退路的境地。让步也需要讲究方法，销售员只有使用正确的方法，才能达到以退为进的目的，最终获得销售的成功。

那么，在实际销售过程中，销售员应该如何对客户做出让步呢？在选择使用让步策略的时候，销售员可以借鉴以下技巧：

1.在有回报的情况下做出让步

销售人员在做出让步之前，一定要考虑让这一步能否带来效用，值不值得，是否能够从销售中得到回报。因为只有实现了买卖双方的共赢，才有可能建立起长期的买卖关系。

2.为沟通留下余地

以退为进的前提是“退”得有尺度。在与客户沟通的过程中，销售员一定要为自己留下充足的余地，不要为了销售而销售，一再让步或是第一次就做出大的让步，都有可能在接下来的沟通中让价格逼近底线。这样一来销售工作就很难进一步展开，谈判陷入僵局，此前的所有沟通都可能前功尽弃。

3.放眼长远，从大局出发

在销售工作中善于考虑大局，放眼长远，是一个优秀销售员需要具备的基本素质。只有在实现长远利益的基础上做出让步，才有可能取得销售工作的最终成功。特别是对客户采取价格让步时，销售员更要考虑让步的幅度和尺度是否有利于长远利益的实现。如果销售员只顾眼前利益，就有可能失去更多宝贵的销售机会。

因此，在对客户做出让步之前，销售员一定要考虑到全局。如果让步影响了长远利益，销售员就要采取其他的途径解决；如果确实可行，再采取适当让步。

4.了解客户底线

在销售过程中，销售员应尽可能多地收集客户信息，观察客户的一言一行并做分析，以此来了解客户的底线，尽量在客户可以接受的范围内进行谈判。因为如果销售员一旦突破了客户的底线，就很可能造成销售失败。

对销售员来说，也要尽量远离利益底线。如果客户提出的要求已经突破了你的利益底线，就不应该再做让步，毕竟保住利益底线比获得销售成功更为重要。

展现实力，用实力说服客户

每一个客户都有一种心理，希望可以和实力雄厚的厂家或者销售员合作，仿佛这样，产品的质量就有了保证。而现实一点来说，人都是势利的，都喜欢与实力雄厚的人联系，可能并非想得到实质性的好处，但是总觉得认识了这么个有实力的人面子上很好看。谈判也是一样的，如果你是很有实力的一方，对方就愿意与你沟通合作。

其实，谈判很多时候是实力的较量，实力状态是谈判背景的重要组成部分。实力强的一方在谈判桌上会处于优势地位，对方也乐意与实力雄厚的对手合作。

有一位卖地板清洁剂的销售员到一家饭店去推销，刚推开经理办公室的门，就看见另一家公司的销售员在与经理谈，并且经理正准备购买。后进去的销售员看了看对方的产品后说："经理，我也是销售清洁剂的，而且我的产品效果非常好！"接着，他把自己公司的清洁剂倒了一些在地上，用随身携带的抹布擦了擦，地上很久都擦不掉的油污不见了，地板变得干干净净。先进去的销售人员手足无措，不知如何是好。这时饭店经理马上向这个后进去的销售人员了解他的产品的情况，询问了价格后，当即拍板买了几箱清洁剂，并且在此之后一直用此人的产品。这位销售人员没有用多么精彩的言辞去说服对方，而是就地展示产品的质量，很快说服了饭店经理改变初衷，转而订购他的产品。

谈判是一种实力的较量，这种实力既包括谈判场内的实力，更包括谈判场外的实力，需要场内与场外的技巧和方法相呼应和补充。这就是为什么在很多的商业谈判中，谈判人员都会采取让对方去自己的公司或是厂房实地考察的原因，一方面是为了表明自己的诚意，另一方面是为了显示实力。

在销售中也是这样，从客户心理角度看，与有实力的人合作更有保障，所以销售员一定要让客户感受到这种实力。而强大的谈判实力不是天生的，需要付出相应地努力或者代价，而谈判之前充分的准备工作是在谈判桌上体现谈判实力所必不可少的。此外，使用实力对抗法的谈判策略需要时刻注意分寸，既要用己方的强大实力与对手对抗，又不要因此而损害谈判各方的人际关系，要以理服人而不是专横霸道，否则实力对抗的谈判策略也会给谈判者带来不良的后果。那么，销售员如何展示自己的实力呢?

1.要有自信

自信是实力的最好体现。一个相信自己、相信自己产品的人总是神采飞扬，说话掷地有声，能简洁明快、顺畅自然、恰到好处地把自己的观点表达出来。对方听到这样的话语，往往也会有美的感受，能够激起对方的兴趣。在谈判中，销售员要记住以下说话注意事项：

（1）声音响亮、语调自信，这样才能够感染别人。

（2）吐字清晰、层次分明。只有这样才能让对方知道你想表达的意思，有谁愿意听一些听不懂的话呢？

（3）说话的节奏要恰到好处，抑扬顿挫，速度与语调要配合恰当。

（4）声音大小适中。声音太大，容易让人烦躁；声音太小，不仅对方听不见，而且是没有自信的表现，引不起对方的兴趣。

（5）要注意停顿。一句话不能说得太长，也不能说得太短。适当的停顿，不仅可以调整自己的思维，而且可以引起对方的注意。在停顿的间隙，你可以观察对方的反应。

只要与人打交道，就需要你充满自信去面对，需要你从心理、着装、话语等方面透露出自信。谈判桌上，销售人员会遇到形形色色的人，只要你满怀信心去与他们谈判，就会赢得对方的信任与欣赏。要想成功，销售人员就要相信自己的实力，相信自己的能力，相信自己能够说服对方，信心百倍地面对对手。

2.用产品质量说话

任何产品，想要在市场上站住脚，质量是硬道理。销售员在成交过程中，适时地展示产品的质量和功效，有时候会比过多的言语更有效。

争取利益最大化，实现双赢

生活中，我们发现，但凡能在市场上长期站稳脚跟的企业和销售员都懂得双赢的道理，这是能长期维持合作关系的前提。作为销售员，应本着双赢的理念开展工作，并时刻以双赢作为与客户沟通的基础。

陈明是一家环保油漆生产公司的推销员，他推销的油漆很适合现在家居装修的要求。单凭这一点，陈明就赢得了很好的销售业绩。

最近，他因为客户李经理坚持要他降价而感到烦恼，这天，他又来到了李经理的办公室。

陈明：“经理，您好！您提出降价的条件，我已经与我们的负责人商量过了。他说，如果您能在贵小区优先替我们旗下的新油漆做广告宣传的话，我们公司愿意以最低的价格与您这样的大客户长期合作。”

客户：“我们不主动推荐业主用哪一种油漆涂料。”

陈明：“您不用推荐，我们只需要一个安全的宣传环境就行。”

客户：“你们要宣传多久？”

陈明：“从开盘开始后的一年内。”

客户：“可以。”

最终，李经理以最低的价格拿到了这款新油漆，而陈明所在公司旗下的新产品油漆也得到了大力宣传，销量很好。

陈明的聪明之处就在于利用了双赢这一原则，让客户和销售员实现了利益互补，交易达成自然水到渠成。相反，如果销售员一心想着如何占客户的便宜，要么他会因为贪婪而误入歧途，要么会驻足不前，没有业绩。做生意终究还是赚取利润，所以能实现双赢是一种很理想的状态。

那么，销售员如何做才能实现与客户互利共赢呢？

1.诚信为先

当今社会，一些产品在宣传的时候存在虚假成分，比如：某某减肥茶，十天减掉二十斤；某某特效药，能治愈癌症等。很明显，这些产品的功用都是虚假的，也有一些产品在宣传的时候夸大了功效，有些客户急于使用，就购买了，但是却发现完全起不到那样的效果，于是就投诉。其实，想要获得双赢，销售员必须明白，诚实守信既是销售的前提，也是实现双赢的前提。在介绍产品的时候，销售员一定要实事求是，切忌一味夸大，更不能欺骗客户。一旦被对方拆穿花招，就很难再取得客户的信任，交易也就很难进行下去。

2.从客户的需求出发

有些销售员一味地为客户推荐最贵的产品，其实，这些产品对客户并没有太大的帮助。作为销售员，应该事先了解客户的真实需求，真诚地替客户着想，为客户提供最合适的产品，让客户认识到产品所能带给他的好处，感受的确得到了足够的利益。这样客户也会在一定程度上做出退让，从而实现双赢。

3.站在客户的立场上，为客户着想

当今销售行业竞争激烈，同类产品很多，质量好、服务好的也很多，客户也就有了很大的选择余地。那么，怎样才能让客户来自己这里购买呢？那就要从客户的利益出发，多为客户考虑。许多销售员总会在无意当中和客户划清界限，每说一句话，仿佛都在提醒对方：我是销售员，你是客户，我们是利益对立的关系。这种销售方式绝对不会获得客户的青睐。

“这种产品的市场价格一直很高，我们的已经很低了，总不能让我们亏本做生意吧！”“这种产品的价格确实贵了点，但你想想看，它的性能好才可以支持贵公司的高强度作业，安全才有了保障。”第二种说法虽然也是在消除客户的价格异议，但却能联系到客户的实际情况，显然更容易被客户接受。总之，要想得到客户更多的信赖，销售员就要站在客户的立场上为客户出谋划策。

4.保持长久联系

先交朋友，后做生意。对于销售员来说，客户档案很重要，这有利于培养和客户之间的感情。在平时，销售员也要不断关心客户的工作、生活等，让对方视我们为朋友。这样，没有购买的客户会成为我们的准客户，已经成交的客户也会同我们再次合作。

需要注意的是，建立客户档案并不是简单地记下和你联系过、合作过的客户，你还需要在每个客户档案上填写每一项资料，包括客户的家庭情况、兴趣爱好等，做到全面、详细。这样你才能对症下药，根据客户不同特点采取不同的应对措施，更好地满足自己和对方利益。

5.给自己和客户制定价格底线

这就需要销售员具有敏锐的观察力，在销售过程中，你不妨先打探或是分析一下对方理想的价格是多少。对此销售员可以给产品制定一个最低价格，保证自己的利润，在商讨价格时尽量远离这个标准。一旦客户提出的价格低于这个标准，就要想办法提高产品在客户心中的位置和价值，或者在客户面前表现出为难，让客户知道提出的价格过低了。总之，销售员在让步时切记要给自己制定一个价格底线。这样才能获得客户的认同，实现双赢。

6.双方达成协议

销售员要注意，即使和关系再好的客户合作也要用合同或是书面证明做保障，也就是签约。对于销售员来说，这是保护自己利益最根本、最有效的方法，也是业绩绩效、年终收入的凭证。

参考文献

[1]吴凡.把话说到客户心里去[M].苏州：古吴轩出版社，2016.

[2]乔梁.销售口才实战训练 [M].北京：中国城市出版社，2016.

[3]蔡富强.把话说到客户心里去[M].南昌：百花洲文艺出版社，2013.

[4]曹华宗.销售攻心术[M].北京：中华工商联合出版社有限责任公司，2010.

[5]宫辉.销售口才实战技巧全集[M].北京：中国纺织出版社，2015.